浙江文化艺术发展基金资助项目

PROJECTS SUPPORTED BY ZHEJIANG CULTURE AND ARTS DEVELOPMENT FUND

浙江文化
基因丛书

吴越◎主编

南孔文化

南孔文化基因

盛雄生◎编著

杭州出版社

图书在版编目（CIP）数据

南孔文化：南孔文化基因 / 盛雄生编著. -- 杭州：杭州出版社, 2025. 1. --（浙江文化基因丛书 / 吴越主编）. -- ISBN 978-7-5565-2724-3

Ⅰ. G127.553

中国国家版本馆CIP数据核字第2024JQ6559号

NANKONG WENHUA——NANKONG WENHUA JIYIN

南孔文化——南孔文化基因

盛雄生　编著

策　　划	屈　皓
责任编辑	徐玲梅
责任校对	陈铭杰
装帧设计	屈　皓　王立超　卢晓明
美术编辑	王立超
责任印务	王立超
出版发行	杭州出版社（杭州市西湖文化广场32号6楼）
	电话：0571-87997719　邮政编码：310014
	网址：www.hzcbs.com
排　　版	杭州立飞图文制作有限公司
印　　刷	天津画中画印刷有限公司
经　　销	新华书店
开　　本	710mm×1000mm　1/16
印　　张	17.25
拉　　页	1
字　　数	273千字
版印次	2025年1月第1版　2025年1月第1次印刷
书　　号	ISBN 978-7-5565-2724-3
定　　价	68.00元

"浙江文化基因丛书"编委会

吴　越　叶志良　贾晓东　陈　明　孙　琳

沈　军　葛建民　缪存烈　乐　波　赵柯艳

王　俊　陆　莹　林华弟　章鹏华　盛雄生

陈贤敏　胡宏波　周　洁　胡凌凌　王军伟

柳虹羽　屈　皓　庄文新

（排名不分先后）

"浙江文化基因丛书"序

习近平总书记指出:"支撑5000多年中华文明延绵至今的,是植根于中华民族血脉深处的文化基因。"① 浙江是中华文明的重要发源地之一,文化底蕴深厚,文化名人辈出。一叶红船从嘉兴南湖驶出,在时代浪潮中驭势而行;沿"唐诗之路"踏歌而行,千古诗篇回响在山水之间;还有良渚文化、宋韵文化、上山文化、黄帝文化、南孔文化、和合文化、阳明文化、丝瓷茶文化、古越文化、吴越文化……这些文化基因,共同铸就了浙江的"根"和"魂"。

2024年3月6日,浙江省文化广电和旅游厅印发《浙江省文化基因激活工程实施方案(2024—2026年)》,这是继2020年浙江省文化和旅游厅印发的《浙江省"文化基因解码工程"实施方案(试行)》《浙江省"文化基因解码工程"工作导则》和2021年8月浙江省文化和旅游厅印发的《建设文化标识推进文旅融合行动计划(2021—2025年)(试行)》之后,为更好担负起新时代新的文化使命,深入贯彻省委十五届四次全会部署,在全省实施的又一项文化基因重大工程。

---

① 习近平:《携手建设更加美好的世界》(2017年12月1日),人民出版社,2017年,第3页。

文化基因解码工程，是文化基因激活工程的坚实基础。文化基因，顾名思义，是指从文化形态切入，厘清其历史渊源、发展脉络、基本走向，从物质、精神、制度要素，语言和象征符号等进行分析、解码所提取的关键知识内核。文化基因解码，围绕中华优秀传统文化、革命文化和社会主义先进文化，按照3个主类、20多个亚类、约100个基本类型分别归档，确保历史年代、地理位置、流布范围等数据均记录在册，挖掘、研究、阐释优质"文化基因"，对全省文化资源进行全面梳理。这是一项集"查、解、评、用"于一体的综合性系统工程。全省开展90个县市区的文化基因解码任务，包括文化元素调查、文化基因解码评价、《文化基因解码报告》撰写、证据资料汇总保存建档等，并在此基础上建成"浙江文化基因库"。文化基因解码，起于"查"，终于"用"。"查"就是铺开"一张网"，广泛收集区域内的文化资源，作为"解"的对象。"解"重在找准四大要素，提取一组基因。四大要素是指物质要素（如原料、工具、环境等）、精神要素（如思想观念、群体性格等）、制度要素（如乡规民约、族规家规、礼节礼仪、表演技艺、创作技法等）、语言和象征符号（如方言、图形、标志、表情、动作、声音等）。通过对四大要素的分解梳理，遴选重点文化元素作为解码对象，从中提取出关键性的知识（技术）点。然后通过对选择的文化基因解码，从生命力、凝聚力、影响力、发展力四个维度进行质量评价。最终用基因塑造IP，以文旅IP开发作品、设计产品，以作品、产品点亮城市生活、赋能乡村振兴。浙江以文化基因为根、文旅融合IP为脉，打造了一条以城带乡、城乡互促的发展闭环，推动文化资源的"活化"利用，把解码成果与提高人民群众生活品质相结合,这就是"用"。以人文之美推动精神之富足,增强浙江高质量发展建设共同富裕示范区的文化自觉。

显然,文化基因是传承和创新的基石。文化基因作为一个社会文化系统的逻辑起点,是一个社会存在和进化、变革和发展的决定力量。文化基因解码就是要把社会文化系统中所表现出来的文化形态、思维方式、行动模式、礼仪符号、风俗习惯等加以还原,揭示其本初原因和底层逻辑。改革开放四十余年来,浙江出现了令人瞩目的"浙江现象",表现为快速的经济增长、蓬勃的发展活力、和谐的社会环境、显著的民生绩效。"浙江现象"源于浙江精神和浙江的文化基因。正确界定、充分挖掘浙江文化的内涵价值,解码浙江的文化基因,对于构建起有效支撑文化建设和旅游发展的"四梁八柱",推动文化建设和旅游发展各项指标持续名列全国前茅,着力建设新时代文化高地、中国最佳旅游目的地、全国文化和旅游融合发展样板地具有重要而深远的意义。

如何寻找突破口?各地在选"码"、解"码"、用"码"的整个闭环中,成立解码专项小组,构建"乡土专家+高校资源+系统人才"三方协作机制,高效推进解码工程。首批编辑出版的"浙江文化基因丛书"中汇集富阳、南浔、南湖、绍兴、瑞安、平阳、苍南、普陀、岱山、嵊泗、定海、临海、南孔圣地、开化、常山、金华(经开区)、遂昌、云和、景宁、宁波江北等地的研究成果,正是在归纳总结、科学分析浙江文化基因的基础上,探索文化基因解码的方法和路径,同时从人类学、社会学的角度,运用现象学原理,在哲学层面进行解构、剖析,既有理论深度,又能方便应用。丛书勾勒出各地推进文化基因解码工程的概貌。成果本身的内容、方法、转化等，对各地都有很强的示范作用和借鉴意义。

可以说，"浙江文化基因丛书"中的成果，以浙江文化高质量发展为目标，以融合发展为重点，紧扣激活优秀文化基因，以文化基因的挖掘利用赋能文化事业和文旅产业发展，为我省文旅发展再上新台阶、为文化浙江建设贡献了力量。

叶志良
2024年秋于杭州

目　录

前言	001
大宗南渡	003
孔氏南宗家庙	017
南孔祭典	035
孔子及亓官夫人楷木像	051
孔洙让爵	061
沈杰倡议复爵	073
孔氏家规	083
孔氏家塾	095
孔氏南宗世爵与世职	107
孔子行教像碑	121
沟溪祭孔	131
余东女儿节	141
南孔钟磬	151
南宗碑刻	163
当代南孔祭孔礼乐	175
周宣灵王庙	189

孔府	201
南孔圣地城市品牌	213
思鲁阁	235
《袁氏世范》	245
"浙江文化基因丛书"后记	259

基本类型	元素名称
BFA 学校	—
BGA 建筑工程	—
BHA 纪念馆	—
BHB 博物馆	—
BHC 展览馆	—

基本类型	元素名称
CAA 标志人物	—
CAB 标志事件	—
CAC 标志物	全国十佳生态休闲旅游城市
CBA 标志人物	—
CBB 标志事件	孔氏南宗家庙纪念银章、南孔圣地城市品牌发布
CBC 标志物	《衢州市文明行为促进条例》、《衢州有礼市民公约》、桥庵里、有礼衢州大讲堂
CCA 标志人物	孔祥楷
CCB 标志事件	开通"衢州有礼"号列车、开办《南孔文化与人生修养》讲堂、发布《衢州市"有礼指数"(CI)测评体系》、孔子学院南孔文化线上视频课程、南孔网络"云祭祀"
CCC 标志物	《儒学专刊》、家庙模型、南孔快乐小鹿标识、南孔太极文化交流协会、南孔爷爷、衢州府山公园、水亭门历史文化街区、中国乡村美术馆

前　言

衢州，坐落在浙江西部，是浙江文化的摇篮之一。扎根于三衢大地的南孔文化，是中华优秀传统文化的重要源头，江南儒学文化的传播中心。南孔文化是衢州的瑰宝，蕴含着深厚的历史积淀和人文底蕴。踏入南孔圣地，仿佛穿越时空，与智慧和历史对话，感受一以贯之的儒家文化气息，这里的每一处景点都散发着独特的文化魅力。

在习近平文化思想的指引下，衢州的南孔文化正焕发勃勃生机。2022年以来，衢州市贯彻实施"文化基因解码工程"，致力于挖掘和研究衢州南孔文化的独特基因，旨在传承和弘扬优秀的南孔文化，让更多人认识和了解衢州的文化魅力，为新时代文化自信贡献衢州力量。

南孔文化是衢州的文化象征。自宋室南迁、大宗南渡以来，南孔文化与衢州文化水乳交融，情感凝聚。通过对南孔文化基因的挖掘整理，展现出南孔文化的丰富内涵，更好地传承和弘扬南孔文化。

南孔文化是衢州的金名片。南孔文化基因解码工程是衢州打造新时代文化高地的重要举措，是滋养衢州品质文化生活的特色壮举。通过解码南孔文化，挖掘南孔文化内涵，研究南孔文化的当代表达，打造南孔文化IP，推动南孔文化与千年古城衢州的文旅深度融合发展。

今年是"八八战略"实施二十周年。我们深入学习贯彻习近平文化思想和习近平总书记考察浙江重要讲话精神，牢记总书记对南孔文化的系列指示，做深做实文化基因解码工程。在新时代文旅融合的大框架下，全面激活南孔文化基因，推动南孔文化的传承和发展。

衢州在新时代的城市定位为"南孔圣地，衢州有礼"。2022年7月，衢州市委提出了"崇贤有礼、开放自信、创新争先"十二字的新时代衢州人文精神，体现了南孔文化的礼让精神、坚守精神和崇贤精神，展现了衢州人礼敬自然和社会、礼敬历史和未来的美好愿望和努力追求。让我们共同努力，充分传承和发扬南孔特有的文化精神，让南孔文化在新时代闪耀光芒，为衢州市文化的蓬勃发展作出积极贡献，为我们的美丽家园增添绚丽色彩！

盛雄生

2023年10月

大宗南渡

南孔文化 南孔文化基因

大宗南渡

靖康二年（1127）初，金兵俘虏宋徽宗、宋钦宗，宋徽宗第九子赵构和部分官员仓皇南下。同年五月，赵构在应天府（今河南商丘）登基，史称宋高宗，南宋由此开始。次年八月开始，宋高宗着手开展扬州祀天的准备工作；同年十一月，举行祀天大典，孔子四十八世嫡长孙孔端友奉旨陪祀。孔端友陪祀结束回到曲阜之后不久，战争形势大变，金兵发动对山东的全面进攻。

建炎二年（1128）十二月，金兵攻打济南府（今山东历城），守臣刘豫决意降金，他杀了骁将关胜，不顾城中吏僚百姓的反对，大开城门，迎候金兵入城。建炎三年（1129）正月，金兵又攻占了徐州。金将完颜拔离速、耶律马五率五千骑兵，奔袭扬州。孔端友深感形势的严重，就和族长孔传一起召集孔氏族人在衍圣公府视事厅商议对策。最后商定，留端友之弟端操守护孔庙和孔林，孔传二弟若鉴留下辅佐，端秉乃掌管印鉴、管理庙产之人，亦须留下辅佐端操。而端友和孔传则带领若钧、端朝、端木、端问、端己、端廉、端佐、端礼、端志、孔玠、孔瓒、孔璔等近支族人百余，避敌南下。孔传的第六个儿子端隐，早在建炎元年（1127）就说："凡稍知大义者，咸思仗剑以从王事。礼义由贤者出，况吾孔氏子孙乎！"当时就带领"族中义气激昂者数十人"投入驻守汴京的宗泽军中,后"复招募豪杰扈从高宗南渡",已随高宗而去了。

商议已定,孔端友和孔传就开始收拾必须带走的物品。除了生活用品之外,他们还选择带走祖传的四件镇庙之宝。

孔端友收拾停当之后,又知照了颜、孟、曾三姓族长。这三姓分别是颜回、孟轲、曾参的后代。遵皇命,他们亦属衍圣公统一管理。三姓族长闻知孔氏族人议决避敌随高宗南下,自无疑议,唯衍圣公马首是瞻。待三姓众人收拾完毕,孔端友即令套车驾马,携老扶幼,与孔传一起,带领孔氏族人和三姓众人,匆匆上路了。他们一行的目的地自然是宋高宗之行在之所扬州了。

然而,事情并不像孔端友想得那么顺利。

建炎三年(1129)二月初一,宋高宗派江淮制置使刘光世率部沿淮阻击金兵,又派兵护卫着皇子、六宫趋杭州。不料,刘光世却未遇金兵而自溃,变成了"溜光逝"。金兵畅通无阻地相继攻占了楚州(今江苏淮安)、天长军(今安徽天长市),距扬州仅剩百来里了。二月初三,内侍向高宗报告,金兵将至,宋高宗无暇通知身边要员,就披甲胄仓皇出逃。蔡东藩在《宋史通俗演义》中是这样叙述的:宋高宗"到了瓜州(洲),得小舟渡江,随行唯王渊、张俊,及内侍康履,并护圣军卒数人,日暮始至镇江府。……居民各夺门逃走,互相蹴踏,死亡载道"。金兵在耶律马五的率领下当晚赶到扬州,屠杀焚烧,百姓死者相枕藉,仓库中的金银财宝、官府图籍及御用仪物被扫荡一空。这就是历史上有名的"维扬之变"。

孔端友和孔传带领的孔氏族人等自然无法在扬州落脚。他们也随着南渡的官吏百姓,跟随高宗皇帝之步伐,租舟过江。清乾隆年间,冯世科曾记述了一个鲁阜山神护楷木像的传说。这个近似于神话的传说自然不足为信,但也可以看出孔端友南渡之艰辛。

高宗由瓜洲渡到江南,金兵已随其后。镇江、建康虽濒临大江,但高宗觉得长江天险也未必挡得住金兵的锋芒,于是就决定南幸杭州。高宗车辇舟船急匆匆南下,自镇江出发,经平江(今江苏苏州),过秀州(今浙江嘉兴),于当月十三日到达杭州,遂以杭州为行在，住了下来。孔端友、孔传所率的孔氏族人自然也到了杭州。

二月十七日，驻跸杭州、以州治为行在的高宗召见百官。诏"杭州寄居迪功郎以上，并许造朝"。第二天，又下旨"出米十万斛，即杭、秀、常、湖州、平江府，损直以粜，济东北流寓之人"。也就在这时，孔端友和孔传在北归无望的情况下，率族人入觐，向高宗皇帝叙家门旧典，说明孔氏大宗应聚居孔庙，以主祭祀。现因建炎兵火而"挈家随驾南渡"，请求朝廷赐以庙宅。宋高宗念孔端友一族"扈从之劳"，遂敕赐庙宅于未遭兵燹的浙西衢州。至此南宗定居衢州。

一、要素分解

（一）物质要素

1. 重大历史事件

由于孔子在中国思想文化史上的重要地位，历代统治者尊崇孔子，孔氏家族成为中国历史上影响最为深远的"天下第一家"。孔氏大宗南渡，堪称孔氏家族史上具有重要影响的历史事件，在很大程度上改变了孔子后裔的历史命运和孔氏家族的历史发展轨迹。

2. 时事所迫，被迫南渡

面对兵临城下、日益恶化的形势，孔氏族人忧虑重重，他们对家族和国家的未来都充满担忧。一旦曲阜被金兵攻占，该往何处去？这是孔端友及所有孔氏族人不愿想却不得不想的问题。他们必须早做准备，必须有人离开曲阜，不然无以尽君臣之义。然而都走了，林庙怎么办？经过族人的商议，由孔传、孔端友率部分族人南渡，孔端操等人留守林庙。商议既定，孔传、孔端友等孔氏族人身负祖传珍宝，更身负无尽的不舍，匆匆走上了南渡之路。

3. 孔端友及相关孔氏族人

据崔铭先《孔夫子的嫡长孙们》一书，见于历史记载的南渡成员有"袭封位的孔端友、孔端朝、孔端廉、孔玠；中散位的孔传、孔端问、孔端己、孔端位、孔端植、孔端隐、孔瓒；侍郎位的孔璠；中舍位的孔端佐、孔端礼；博士位的孔若钧、孔端躬、孔端阐、孔端任。此外，还有族人孔若罕、孔端志、孔端思等"。南渡的尽管是部分族人，但"他们不仅是衍圣公最亲近的族人，而且应为同辈中之佼佼者"，堪称孔氏族人中德高望重之辈。

4. 四件镇庙之宝

第一件是孔子夫妇楷木像。孔子去世安葬之后，众弟子为之守墓三年，而孔子最钟爱的弟子子贡却因爱之深、念之切、敬之笃而独守六年。在守墓的日子里，子贡采林中之楷木，手摹了敬爱的老师和师母的坐像。孔子夫妇双膝前屈，正面蹲坐于台。孔子身着宽领宽袖长袍，双手合抱镇圭拱手胸前，头戴圆帽，帽顶刻站方槽一周，面庞圆长，双目横长突出，鼻高口合，唇卷而不露齿，鼻下两缕八字胡，下巴上三缕长须，两耳长而外突。这件珍宝一直由孔子的嫡长孙珍藏，到孔端友已经传了1500余年了。

第二件是唐代画圣吴道子所绘的先圣遗像。吴道子曾经做过兖州瑕丘（今山东济宁市兖州区东北）县尉，后被唐玄宗招入皇宫作画，其先圣遗像就是为祭祀孔子而作。在孔子嫡长孙手中也已珍藏近500年了。

第三件是孔传珍藏的孔道辅击蛇笏。孔道辅，字原鲁，初名延鲁，孔子四十五世孙。他的祖父就是孔氏中兴祖孔仁玉，父亲是孔仁玉的第四个儿子孔勖。孔道辅在北宋真宗咸平年间，乡试成绩为兖州之冠。大中祥符五年（1012）进士及第，授宁州军事推官。大中祥符九年（1016），调任仙源县知县，后入京任职，历知谏院、直史馆等职。宋仁宗天圣七年（1029）十二月，因纠察刑狱不当，被贬知郑州，移知青州、许州、应天府。明道二年（1033）四月，任权御史中丞。景祐二年（1035）四月，移知兖州。宝元元年（1038），任御史中丞。宝元二年（1039）十一月，出知郓州。天寒上路，不幸染疾，孔道辅行至渭州韦城驿病逝。孔道辅在宁州（今甘肃宁县）任职时，宁州天庆观真武殿里有蛇出现，盘踞殿梁而不去。众人皆以为神异，顶礼膜拜者不在少数。更有甚者，欲将此视为祥瑞之兆，上报朝廷。孔道辅却不以此为惑，即以手持之笏板对蛇猛力一击，蛇首碎而死。宋真宗知道此事后，深为赞许。从此，孔道辅的击蛇笏也就作为孔家的珍宝而被密藏了起来。

第四件是政和五年（1115）皇室所颁"至圣文宣王庙朱记"印。这类印记乃皇家颁给京城及外处职司、诸军将校等使用的，其制长一寸七分，宽一寸六分。

（二）精神要素

1. 自强不息的创业精神

沧海桑田、风云变幻，承受"离祖丧家之苦"的孔氏南宗，始终秉持"诗礼传家"的家族精神，以"圣裔"所独有的"衍圣""弘道"使命为精神寄托，衍续至今。从这种意义上来说，孔氏南宗的发家生存史，就是一部具有传奇色彩的家族创业史。靖康之变，高宗禅位。建炎二年（1128）十一月，宋高宗于扬州行宫郊祀，孔子四十八世孙、衍圣公孔端友与其叔父、孔子四十七世孙、族长孔传奉诏陪祀。建炎三年（1129），金兵占山东，下徐州，直逼扬州，高宗被迫率僚属南奔。同时，金兵围攻曲阜，孔府、孔庙、孔林及孔氏族裔的安全受到威胁，在族长孔传的支持下，孔端友奉端木子贡手摹"至圣孔子及亓官夫人楷木像"及唐吴道子手绘"先圣遗像"等，率近支族人南渡，史称"大宗南渡"。宋高宗驻跸临安（今浙江杭州）后，"百官入见"，孔端友、孔传诣阙上疏，叙家门旧典及离祖丧家之苦。金兵北撤，高宗定都临安，赐孔传、孔端友定居衢州，是为"孔氏南宗"。

2. 忠义勇为的爱国精神

南宋建炎三年（1129），孔传、孔端友为追随赵宋王朝而背井离乡，此一扈跸南渡之举所体现出来的民族主义情结和忠君爱国的精神，足以证实作为大姓氏、大家族的"孔子世家"，对自己国家"忠义勇为"的深厚情感。而一同扈跸南渡的孔端朝，南渡后曾任徽州黟县令、秘书郎、著作郎，经学者考证，"孔端朝是南宋初期文官中为数不多的主战派"。也正是因为孔传、孔端友"扈跸南渡"之举，所体现在对国"忠诚"与对家"奉像"（孔子及亓官夫人楷木像）之功德，方被赐家衢州。

3. 内心弘道的志愿与报国的热忱

孔氏家族是中国历史上影响最为深远的"天下第一家"，在南宋初年，中原动荡，这一特殊家族成员扈跸南渡,前途难卜,不知归处。尽管时局艰难,尽管十分不舍,但他们的步伐异常坚定,他们内心弘道的志愿与报国的热忱比往常更为强烈。

(三)制度要素
传统的宗族形态

南宋初年,宋室南渡,孔子四十八世孙、衍圣公孔端友在从父孔传的支持下,率部分族人扈跸南渡。历尽坎坷,后辗转来到衢州并寓居于此,衢州由是成为闻名遐迩的"东南阙里"。此后,南渡族人以衢州为中心,在浙江、江苏、安徽、福建等省分衍出众多支派,从而形成了支派众多、族人遍布各地的孔氏南宗。尽管南渡,孔氏南宗族人秉承宗族传统,以明道弘道、化民成俗为己任,继承和发扬孔氏家族深厚的宗族文化,以诗书礼义教育族人,其注重经世、强调致用的教育理念也推动了江南社会文化的进步发展。

(四)语言和象征符号
孔门大宗之主形象

衍圣公孔端友"扈跸南渡"亦称"大宗南渡"。在宗法制度下,衍圣公通常采用嫡长孙继承制,为孔子家族大宗之主,负责掌管孔子家族镇庙之宝,世代相传。

二、核心基因提取与评价

基于对材料的全面、深入分析，得出大宗南渡的核心基因："自强不息的创业精神""忠义勇为的爱国精神""内心弘道的志愿与报国的热忱"。

大宗南渡核心文化基因评价依据

评价项目	评价因子	评价依据（特点）	是否
生命力评价	文化基因存续的时间	自出现起延续至今，未曾明显中断	√
		自出现起延续至今，但多次衰微、中断后复兴	
		曾明显衰败，改革开放后开始复活复兴或历史溯源关键环节缺失，难以考证	
		文化形态主体已灭失，现存部分痕迹	
	文化基因的稳定性	在发展过程中保持相当稳定的状态	√
		在发展过程中存在明显的精神内涵、表现形式剧变	
凝聚力评价	文化基因的凝聚力及社会动员效果	曾广泛凝聚起区域群体的力量，显著推动过社会经济文化的发展	√
		曾部分凝聚起区域群体力量，对社会经济文化的发展产生过影响	
		凝聚过力量，创造过实际的发展动能，但未见对社会经济文化发展产生显著改变	
		仅在历史文献或口耳相传中存在，未见实际介入社会经济发展	

续表

评价项目	评价因子	评价依据（特点）	是否
影响力评价	辐射的范围	具有全国性、世界性的影响力	√
		具有长三角区域、浙江省影响力	
		具有市县、乡镇影响力	
	提炼的高度	已经被古代文人士大夫和当代学者提炼为精神符号和理念理论	√
		单纯的样式、造型、工艺技术规范	
发展力评价	与当代精神追求和价值观念的契合	传统文化基因得到创造性转化、创新性发展；区域革命文化基因被完整继承、广泛弘扬；区域社会主义先进文化基因成为与浙江"三个地"相适应的文化高地	√
		部分转化、部分弘扬、部分发展	
		难以转化、难以弘扬、难以发展	

说明：基因特点评价是对解码出来的基因，根据本《导则》表2的要求，围绕"四个力"逐一对表打"√"，进行定性表述

（一）生命力评价

自南宋赐家衢州至今，孔氏南宗已有近900年的历史。"忠义"是儒家思想的重要组成部分，在数千年的发展演变中被赋予极其丰富的内涵。"忠义"思想已成为中国人立身、处世的基本准则之一。作为综合国力中的中华民族精神的重要组成部分，"忠义"思想不仅对于当代中国的发展意义重大，而且它本身是个不断发展、不断实现对传统超越的动态系统。

（二）凝聚力评价

"忠义"思想作为东方特有的社会伦理道德准则，是中华民族传统文化的重要组成部分。"忠义"思想与社会发展息息相关。"忠义"思想是中华民族精神特质的集中表现，它渗透到中华民族的整个机体里，贯穿在中华民族的全部历史长河

中。它是中华民族精神的构成要素，是中华民族生生不息的精神源泉和动力，是维系中华民族的纽带。作为一种道德意识和价值理想，"忠义"思想是中国古代家庭、社会、国家的精神基础，对中国传统政治、文化、教育及法律观念、国民性格等产生了重要影响。

（三）影响力评价

"忠义"思想的作用和影响是广泛而深刻的，当今社会的发展依然需要合乎时代的"忠义"思想。"忠义"思想可以在超越个人和小集体狭隘利益的基础上协调人们的心理和行为，使人际关系更加和谐，提供和强化中华儿女实现祖国统一和民族复兴的共同思想基础，为社会主义两个文明建设提供动力和精神支持，对构建和谐社会、树立社会主义荣辱观都有重要的意义。对于中国这样一个多民族的发展中大国，"忠义"思想具有愈益重要的社会价值，特别是在当代社会的急剧转型期更是一种不可低估的精神资源。在现代化进程中思考、分析和重树"忠义"思想，是一个值得深入研究的时代课题。

（四）发展力评价[①]

十八大以来，我们党逐渐形成了新时期继承和发展传统文化的原则立场与核心价值观，出台了一系列振兴民族文化的政策和措施，并从国家、社会和个人三个层面浓缩出我们应信奉和遵守的价值观念与道德规范，其中也同样闪耀着忠义思想的光辉，更是表达了我党历史上从毛泽东到习近平历代党和国家领导人对传统文化的态度与共识。将其放在中华优秀传统文化的大背景下和推动社会进步的总要求下来考虑，突破和摈弃古代传统忠义文化体系中的消极因素，融合现代社会特点，植入新的文化元素，构筑适应现代社会发展需要的忠义文化价值体系，从这个角度出发，弘扬新时代忠义文化和践行新时期社会主义核心价值观无疑有着非常一致和相融的结合点，我们弘扬新时代忠义文化，就是践行新时期社会主义核心价值观。

---

① 详见李维东《谈新时期忠义文化价值体系的构建》一文。

三、核心基因保存

"自强不息的创业精神""忠义勇为的爱国精神""内心弘道的志愿与报国的热忱"作为"大宗南渡"的核心基因,文字资料保存于《三衢孔氏家庙志》《孔氏南宗史实辨正》《孔夫子的嫡长孙们》《建炎以来系年要录》《续资治通鉴》等文献中。

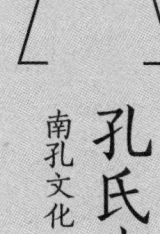

孔氏南宗家庙

南孔文化　南孔文化基因

孔氏南宗家庙

孔氏南宗家庙，史称"东南阙里"，是孔氏南宗族人祭祀先圣孔子的场所。在孔氏大宗南迁后的近900年里，家庙屡建、屡毁、屡迁，计四庙三迁，大小修葺数十次。

州学家庙。衍圣公孔端友及其族属赐家衢州后，南宋绍兴六年（1136），"朝命权以家庙寓学官，春秋舍奠"，"袭封奉祠者率族拜跪"孔子及亓官夫人楷木像。孔端友复将唐吴道子绘"先圣遗像"摹勒于石，奉于庙中。州学家庙共存在约120年。

菱湖家庙。南宋宝祐元年（1253），理宗敕准衍圣公孔洙、衢州知州孙子秀所请，拨款36万缗，"如阙里制"建家庙于城中胜地菱湖芙蓉堤，其"规模弘阔，比拟曲阜"。龙图阁学士、礼部尚书赵汝腾在所撰碑记中盛赞其"枕平湖，以象洙泗，面龟峰，以想东山"。菱湖家庙于宋末毁于兵燹，前后仅存20余年。

城南家庙。元初，衍圣公孔洙迁建家庙于城南，"庙故书楼，其制非宝祐之旧"。城南家庙经元末、明初以及明中叶三次大规模修葺，存在了230余年。其影响可从保留至今的崇文坊、道贯巷等遗迹中窥知。

新桥街家庙。明正德十五年（1520），翰林院五经博士孔承美经巡按监察御史唐凤仪、布政使何天衢等疏请于朝，拨给库银，诏许重建。由同知陆钟、通判曾伦、推官杨文升及所属五县知县共同督造，于正德十六年（1521）四月建成，家庙与翰林公署合一。新桥街家庙鼎建至今已有480余年，经万历、顺治、康熙、雍正、乾隆年间修葺、拓建，至道光年间完成今庙规制。以后屡毁屡葺，未有重大改动。1999年5月根据国家文物局的批准，孔氏南宗家庙西轴线及南宗孔府复建工程动工，同时恢复南宗孔府后花园。

现存孔庙建筑分三条轴线。主轴线，首为先圣庙门，进入庙门为第一进院落，六株古银杏树挺拔参天，为家庙平添几分肃穆安静气氛。右侧墙上嵌有明清家庙碑刻七块，记叙着历代修缮家庙的情况。

第一进为大成门，又称仪门，硬山式建筑，三开间加两挟屋，恰同于金代曲阜孔庙大成门规制，保留了宋金时代的风格。第二进是家庙建筑群的主要空间，院内古柏盘虬缠结。两院中是由细卵石及石板铺成的甬道，尽端是佾台，是祭祀孔子时表演佾舞的地方。拾级而进，便是家庙的核心建筑大成殿。大成殿建在五尺高台上，重檐歇山顶式建筑。由于殿基和佾台形成一个二层台结构，使大成殿巍峨庄严且等级较高，突出了孔子的历史地位。大成殿平面近于方形，保留了江南地区宋元时期大殿作纵向长方形和方形的风格。殿内梁架结构特殊，使得内部空间高敞。整个建筑简洁无华，未用斗拱，亦少用雕饰，风格庄严简朴。殿内塑孔子及其子孔鲤（字伯鱼）、孙孔伋（字子思）三像。

东轴线上首为孔塾，分前后进，

为南宗私塾教育场所。二进孔塾西侧为报功祠，又名恩官祠，祀历代有功于孔氏南宗的官绅，如宋代孙子秀、明代沈杰、清代左宗棠等人。再进为崇圣祠，祠前有崇圣门，均为三开间硬山式建筑，祀孔子五世先祖。现存建筑有较大改动。最后为圣泽楼，作陈放朝廷谕文、诏书、赏赐物品之用。现存五开间二层硬山式建筑，为20世纪90年代初重建。

西轴线上首为"孔氏先宗"门，单檐硬山式建筑，两侧为八字形墙垣。穿过甬道，一进为五支祠，祀孔氏南宗仁、义、礼、智、信五房支祖。再进为袭封祠，祀孔氏南宗十五世翰林院五经博士。再进为六代公爵祠，祀孔氏南宗六代衍圣公。最后为思鲁阁，是家庙最有特色的建筑。三开间二层单檐建筑，二坡顶硬山式结构，前檐上下层皆有廊庑。阁上供奉孔子及亓官夫人楷木像，阁下立孔端友勒石据吴道子稿本摹刻的先圣遗像碑。

1996年11月，孔氏南宗家庙被列为全国重点文物保护单位。

一、要素分解

（一）物质要素

1. 高宗赐家衢州

南宋建炎二年（1128）秋，宋高宗于扬州行宫郊祀，孔子四十八世嫡孙、衍圣公孔端友及从父、中奉大夫孔传奉诏侍祀。嗣后，金兵大举南下，锋芒直指淮扬，高宗君臣仓皇南渡。在孔传的支持下，孔端友奉端木子贡手摹"孔子及亓官夫人楷木像"、唐吴道子绘"先圣遗像"、北宋政和年间所颁铜印等，率近支族属扈跸而南，辗转数千里，于建炎三年（1129）到达今浙江衢州。宋高宗驻跸临安后，孔端友携从父孔传等谒阙上疏，叙家门旧典及离祖丧家之苦，因功赐家衢州，以奉楷像。南渡的孔子后裔遂在衢州安家落户，孔氏遂有南北宗之分。

2. 明朝中央财政的大力支持

新桥街家庙的鼎建便得到了明政府人力、物力、财力的支持和保障，其至今已有 480 余年，经万历、顺治、康熙、雍正、乾隆年间修葺、拓建，至道光年间完成今庙规制。

3. 能工巧匠辈出

当时的衢州经济和社会事业较为发达，周边的东阳帮手工艺人早已名闻天下。

4. 材料充沛，工具齐备

衢州多山区，木材资源充沛，木匠众多，工具种类繁多，如木工需采用的曲尺、丈杆、斧头、锯子、刨子、凿子、墨斗等。

（二）精神要素

1. 推崇孔子思想的物化象征

历代的衢州州官、府官都是把保护、建设衢州孔氏南宗家庙作为自己的应尽之责的。他们请皇命、捐俸禄，组织力量，一次次修葺家庙，一次次参加祭祀孔子的活动。实际上，衢州的官员是把孔氏南宗家庙作为官庙来看待、规制的，这包含着相当浓厚的政治色彩，体现着尊孔崇儒的儒家思想。孔氏南宗家庙也责无旁贷地成了人们推崇孔子思想的物化象征。

2. 南孔族人强烈的思乡之情

从孔氏南宗家庙的建置来看，它不但沿袭了曲阜家庙的惯例，供奉孔子夫妇、孔鲤等，同时也供奉了南渡至衢州的六代衍圣公和历代翰林院五经博士，并一直保留思鲁阁，还悬挂起"东南阙里""泗淛同源"等匾额，表达了强烈的思乡之情。

3. 国家安定与否的象征

孔氏家庙所表现出的大起大落突出地表现了历代王朝的兴衰、动乱与安定。

绍兴六年（1136），宋金对峙局面初定，朝内主战议和两派之争未减，岳飞、刘光世、韩世忠等连克金兵，收复了大片失地，朝内迎二帝、还中原的呼声愈加强烈。宋高宗只好暂作寓江南之计。于是，"诏权以衢州学为家庙"，借以告诉世人，他并未做长期留在江南的打算。

端平元年（1234），南宋与蒙古联合灭金，而蒙古却趁机占领了中国北方土地。宋理宗见"端平入洛"失败，北归无望，只好安心于南方，"庙于鲁者礼也。舍鲁而南者，宗子去国以庙从焉，亦礼也"（《衢州孔氏家庙碑记》）。于是，拨官钱36万缗，由孙子秀主持兴建了衢州孔氏家庙，使之广为二百二十五楹，规制略同于曲阜，算是做了长期打算。

元兵南侵，战火殃及河、江，衢州孔氏家庙因兵灾而毁。元统一中国之后，衢州孔氏家庙迁建于城南。因已让爵于曲阜，只好苟延于一隅。明灭元后，天下太平。朱元璋及他的重要大臣刘基等人又多是皖浙人士，不可能不了解衢州孔氏家庙的始末。于是，永乐五年（1407），请皇命而修家庙。弘治初又修，使城南家庙具备了相当规模。正德元年（1506），翰林院五经博士孔彦绳主持衢州孔氏家庙祀事。正德十五年（1520），为"展奠有地，博士有居，斋宿牲庖，燕集弦诵之所，无弗备者"，明武宗准予动用库银，在西安县学旧址新建了衢州孔氏家庙。明亡清立之后，康乾盛世之时又相继大修，使衢州孔氏家庙焕然一新。可见，只要是历史上安定的年代，从地方官到朝廷都十分重视衢州家庙的修葺、扩建。这样做，一方面表现了天下已经太平，朝廷也希望通过尊儒术以保长治久安；另一方面，也一次次地表现出"孔子道高如天，德厚如地，教化无穷如光四射，为万世帝王之师"（《衢州孔氏家庙碑记》）。不管哪一民族的领袖人物统治，都离不开集中华民族优秀文化之大成的孔子思想。从这个意义上也可以说，衢州孔氏家庙的兴衰演变，是国家政治的象征，它生动地表现了南宋以来的中国历史。它本身就是一部活生生的中国历史。

4. 孔子以"仁"为核心、以"礼"为行为规范、以"中庸"为思想方法的主张

作为一个伟大的思想家，孔子的思想学说以"仁"为核心，以"礼"为行为规范，以"中庸"为思想方法。他提出的社会原则和社会理想有着丰富的内涵，既维护以君、臣、父、子为核心的宗法等级制度，又强调各等级之间应该互相承担的责任和义务，尤其还倡导一种从天子到庶人、从治世到修身都应当具有的道德精神。可以说，他的思想学说具有明显的政治伦理道德化、伦理道德政治化的特色。全国各地的孔庙（文庙），实际上都是孔子这一思想的物化象征。《论语·述而》云"子以四教：文、行、忠、信"，而孔氏南宗家庙及家庙的主人们更细腻生动地体现了这一点。

文：指《诗》《书》《礼》《乐》等典籍。孔子教导弟子要学习这些古文献并多次阐述学习典籍的意义与重要性。《论语·季氏》载："'……尝独立，鲤趋而过庭。'曰：'学诗乎？'对曰：'未也。''不学诗，无以言。'鲤退而学诗。他日，又独立，鲤趋而过庭。曰：'学礼乎？'对曰：'未也。'

'不学礼，无以立。'鲤退而学礼。"这就充分表现了孔子对学习典籍的重视。"默而识之，学而不厌"，是孔子求知的态度。

行：指一个人的德行，也就是一个人的思想品德。孔子所主张的德行就是"仁"，它包含三个方面的内容：克制自己的私欲，一切合乎"礼的规范"，做到"非礼勿视，非礼勿听，非礼勿言，非礼勿动"（《论语·颜渊》）；"己所不欲，勿施于人"（《论语·卫灵公》）；要爱人，要有恻隐之心。而衢州孔氏家庙的存在恰恰包容了这些思想。

忠：所谓忠，照孔夫子的解释，应该是尽自己的能力去做该做的事，其中包含着事君要忠、为人要忠、为事要忠。而对一个普通人来说，事君要忠还包含事祖要孝这一层要求，衢州孔氏家庙自建立以来，就聚融了这一丰富的传统文化。

信：为立身处世之本。言行要一致，与朋友交往要诚信。正如孔夫子说的："道千乘之国，敬事而信，节用而爱人，使民以时。"（《论语·学而》）"人而无信，不知其可也。大车无輗，小车无軏，其何以行之哉！"（《论语·为政》）。孔氏南宗家庙正是蕴含着"信"这一根本。

5. "泗淛同源"的南北一家精神

几千年前，山东人把家叫"阙里"，后世便借用孔子家在曲阜的"阙里"之名，将衢州孔氏南宗家庙称为"东南阙里"。"东南阙里"的称谓，也是孔氏南北二宗"同根、同宗、同源"的体现。明正德年间重建的新桥街家庙，大成门上悬"东南阙里"匾额，就体现了衢州作为孔氏南宗族人故乡的应有地位；再进大成殿，则悬"泗淛同源"匾额，意为"两孔一家亲"，即有孔氏南宗北宗"同根同源、共同发展"的深刻含义。

（三）制度要素
特有的建筑规制

南宗家庙与曲阜孔庙有较深的渊源关系，其主要祭祀空间的建筑构成与布局规制源于后者，族人居宅依庙而建，并有家学（家塾）、家祠、客馆等建筑，但孔氏南宗及其家庙的特殊历史经历，又形成了一些自身特有的建筑规制，诸如五支祠、思鲁阁、咏春亭、恩官祠、六代公爵祠、袭封祠等配置，而这些建筑的构成以及家庙的变迁，也恰反映出孔氏南宗的兴衰历史。

（四）语言和象征符号

1. 简朴无华的建筑结构和装饰意趣

孔氏南宗家庙无论从封建等级还是建筑规制来看，都具有重要地位。但纵观家庙各单体建筑，却不见颇具等级制意味的构件——斗拱。这与曲阜孔庙大成殿内外檐的遍施斗拱，同属江南的海宁盐官海神庙、绍兴禹庙，甚至衢州周宣灵王庙等民间庙宇建筑的遍施斗拱有显著不同。

在装饰方面，衢州、金华地区在明清时，民间建筑大量采用各类木雕艺术构件，使得建筑富丽堂皇，满目生辉，具有很好的装饰效果。而孔氏南宗家庙则不然，除檐口略作装饰外，室内几乎不见木雕装饰构件，柱、梁、檩、枋等皆简洁无饰，充分体现一个"朴"字。

而作为一种礼制建筑，孔氏南宗家庙建筑更多地体现了儒家的传统思想。家庙建筑布局、配置乃至各个方面均反映了儒家的礼治思想和宗法伦理道德的观念。

等级观念是儒家思想的重要内容，反映在建筑上就是要求建筑群空间布局主从分明，秩序井然。衢州孔氏南宗家庙建筑的空间环境是沿数条纵轴线展开的，以中轴线为主，起始于照壁，从庙门、大成门到俯台、大成殿，建筑由低到高，规模自小而大，循序渐进，达到建筑群的高潮。正是这种层层院落组成的序列，使人逐步产生一种庄严崇敬的心态，感受到严谨和致密的等级制。其余建筑也严格依轴线布列，东轴线上从孔塾、报功祠到崇圣祠、圣泽楼，西轴线上从五支祠到袭封祠、六代公爵祠，乃至南宗孔府轴线等，均井然有序，有主有从。在总体布局上，家庙追求排列整齐，左右对称，以及直线延伸的格局，从明代至清末家庙三轴线的形成、完善并最终确立也体现了这一点。而且各个单位建筑皆作方整、对称设置，体现儒家"正心""正名""正位""正物"的观念。

尊卑观念、三纲五常的宗法伦理在家庙建筑中也表现突出。从祭祀孔氏南宗五房支祖的五支祠，到祭祀南宗十五世翰林院五经博士的袭封祠，再到祭祀南宗六代衍圣公的六代公爵祠，最后是供奉先圣楷木像、先圣遗像的思鲁阁，整个西轴线构成完整的家祠系统，显示尊卑有等、长幼有序的道德规范。

2. 独特的建筑命名方式

孔氏南宗家庙区别于其他建筑，有其独特的建筑命名方式。

大成门：又称仪门，明弘治年间已有记载。现存为硬山式建筑，三开间加两挟屋，梁架采用三柱分心式，前后檐为方形石柱，月梁形阑额，脊檩缝各间设实榻大门，筒瓦屋面。明代大成门一度为重檐歇山顶建筑，清康熙年间已改为单檐，并保持至嘉庆年间，现在的硬山式建筑应是道光年间重修后的形制。三开间加两挟屋的形制，恰同于金代曲阜北宗孔庙大成门的规制，保留了宋金时代的风格。

大成殿：建在五尺高台上，重檐歇山顶式建筑。同时由于殿基与佾台形成一个二层台结构，使大成殿巍峨庄严且等级较高，突出了孔子的历史地位。周围的建筑与庭院，均起陪衬烘托作用。大成殿通面阔16.6米，通进深16.5米，平面近于方形，保留了江南地区宋元时期大殿作纵向长方形和方形的风格。大殿的柱网结构并非严格成对应关系，其外周檐柱皆为石制，面阔、进深皆三间，而内柱木构，

次间缝柱列较檐柱次间缝柱列收进约2米,形成五开间格局。其梁架结构上檐九架前后双步廊用四柱,下檐亦为双步廊结构。内槽为七架梁结构,其中三、五架梁以瓜柱承之,再用梁承檩,构架中前后槽及下檐皆用柱承檩,这种抬梁式与穿斗式相结合的构造颇为特殊。正是这种构造,使脊檩至室内地面高差10米,七架梁底皮至地面7米余,显得殿内空间高敞。而且整个结构简洁无华未用斗拱,亦少雕饰,建筑风格庄严简朴。屋面铺灰色筒瓦,檐口施勾头滴水,翼角发戗起翘。清末殿内塑孔子及伯鱼、子思三像,现存三尊王侯像为1993年由浙江美术学院应真华教授设计,美院工艺师祝鹏杭负责重新塑造的。

袭封祠:为家庙特有建筑,现存为1993年复原重建,三开间硬山式建筑,通面阔9.7米,通进深6.3米。明间为抬梁式,次间为穿斗式,明间后墙前有祭台。袭封祠祀孔氏南宗十五代世袭翰林院五经博士,始见于明代《诏建衢州孔氏家庙碑》。

六代公爵祠:为家庙特有建筑,现存为1993年复原重建,三开间硬山式建筑,面阔、进深、梁架、祭台位置、始建年代均与袭封祠同,只是六代公爵祠是敞开式的,无门无窗。六代公爵祠祀孔氏南宗六代衍圣公。

思鲁阁:为家庙最有特色的建筑,三开间二层单檐建筑,二坡顶硬山式结构,前檐上下层皆有廊庑。思鲁阁建筑始于南宋菱湖家庙的思鲁堂建筑,其后一度未见,明代《诏建衢州孔氏家庙碑》中始见思鲁阁,在大成殿后,取代明弘治时寝殿的地位,为三重檐歇山式建筑,面阔五间,体量颇大。清康熙年间,思鲁阁已变为重檐歇山顶,但保留了五开间的形制。道光元年(1821)大修时迁至大成殿西北侧现址。阁上供奉孔子及亓官夫人楷木像,阁下立孔端友勒石吴道子稿本摹刻的先圣遗像碑。东轴线,首为孔塾,有前后两进,为南宗私塾教育之地。首进三开间,硬山式建筑,明间开门,与次间有分隔,二进亦为三开间硬山

式建筑，现存为20世纪80年代修复，有所改动。

报功祠：又称恩官祠，始见于明代《诏建衢州孔氏家庙碑》，三开间硬山式建筑，现存有所改动。恩官祠祀官绅中有功于孔氏南宗者，如南宋宝祐年间衢州知州孙子秀，明正德年间衢州知府沈杰、巡按监察御史唐凤仪，清同治年间浙江巡抚左宗棠等。报功祠前有泉，汇水成池，池名无考，池边东北角有一株古银杏树。再进为崇圣祠，祠前有崇圣门，均为三开间硬山式建筑。崇圣祠原名启圣祠，始见于明代《诏建衢州孔氏家庙碑》。清雍正二年（1724），追封孔子五世先祖为王，改称崇圣祠，又称五王祠，现存建筑有较大改动。最后为圣泽楼，原名御书楼，作陈放朝廷谕文、诏书、赏赐物品之用。始见于明代《诏建衢州孔氏家庙碑》，但当时位于翰林公署轴线上，这种格局至少保持至清嘉庆年间，其后一度未见，民国时改建于崇圣祠后现址，民国三十一年（1942）被日寇烧毁。现存五开间二层硬山式建筑为1991年至1993年重建。

二、核心基因提取与评价

基于对材料的全面、深入分析，得出孔氏南宗家庙的核心基因："孔子以'仁'为核心、以'礼'为行为规范、以'中庸'为思想方法的主张"。

孔氏南宗家庙核心文化基因评价依据表

评价项目	评价因子	评价依据（特点）	是否
生命力评价	文化基因存续的时间	自出现起延续至今，未曾明显中断	√
		自出现起延续至今，但多次衰微、中断后复兴	
		曾明显衰败，改革开放后开始复活复兴或历史溯源关键环节缺失，难以考证	
		文化形态主体已灭失，现存部分痕迹	
	文化基因的稳定性	在发展过程中保持相当稳定的状态	√
		在发展过程中存在明显的精神内涵、表现形式剧变	
凝聚力评价	文化基因的凝聚力及社会动员效果	曾广泛凝聚起区域群体的力量，显著推动过社会经济文化的发展	√
		曾部分凝聚起区域群体力量，对社会经济文化的发展产生过影响	
		凝聚过力量，创造过实际的发展动能，但未见对社会经济文化发展产生显著改变	
		仅在历史文献或口耳相传中存在，未见实际介入社会经济发展	

续表

评价项目	评价因子	评价依据（特点）	是否
影响力评价	辐射的范围	具有全国性、世界性的影响力	√
		具有长三角区域、浙江省影响力	
		具有市县、乡镇影响力	
	提炼的高度	已经被古代文人士大夫和当代学者提炼为精神符号和理念理论	√
		单纯的样式、造型、工艺技术规范	
发展力评价	与当代精神追求和价值观念的契合	传统文化基因得到创造性转化、创新性发展；区域革命文化基因被完整继承、广泛弘扬；区域社会主义先进文化基因成为与浙江"三个地"相适应的文化高地	√
		部分转化、部分弘扬、部分发展	
		难以转化、难以弘扬、难以发展	

说明：基因特点评价是对解码出来的基因，根据本《导则》表2的要求，围绕"四个力"逐一对表打"√"，进行定性表述

（一）生命力评价

孔子的"仁学"与"礼学"思想正是中国古代社会建立文明制度的先行思想。在整个中国古代历史进程中，儒家对仁学、礼学进行整理和倡导，以各种传播方式如教育、书画等将孔子思想进行广泛传播，对个人与社会都产生了重要影响。历经2000多年的传承和发展，在中国的思想哲学中占重要位置，仍然具有强大的生命力。

（二）凝聚力评价

"仁"与"礼"首先作为一种意识形态，逐步外化为整个社会的道德伦理规范。中国古代社会虽然有着严格的等级制度，但是不可否认的是社会内部结构是相对稳定的，有利于社会治理。不仅如此，"仁"治与"礼"治作为一种社会治理构想，

在一定程度上可以激发社会活力，营造一种良好的社会风气。作为中国传统文化的思想主流，为中华民族的文化传承和发展起到了极其重要的作用。凝聚力强大。

（三）影响力评价

孔子以"仁"为核心、以"礼"为行为规范、以"中庸"为思想方法的主张，是中国传统文化的思想主流。"仁""礼"思想是孔子思想的核心，"仁""礼"所包含的内容十分广泛。"仁""礼"思想扎根于中华民族历史土壤之中，对中华民族的民族性格和文化的形成产生了深远影响。提倡中庸，并不是让我们事事不求上进，而是在朴实无为中无所不为，去踏踏实实做事，认认真真做人，这个才是中庸这个词较好的解释。

（四）发展力评价

"仁""礼"作为中国哲学中的一个重要范畴，在我国传统的思想文化中尤其是在儒家思想中占有重要的地位，"仁""礼"思想在个人修养、交际处事、为政治国等方面不但深刻实用，而且具有方法论意义。中庸思想是一种"和"的精神，"中"与"和"是联系在一起的，"中"所要达到的境界就是"和"，追求和谐的完美。"中"是要把握事物的度，"和"强调的是事物之间平衡稳定、协调有序的关系。只有在事物的相互关系中，从整体和谐的要求出发，才能达到"中"的状态，从而实现总体上的"和"。"和"能产生新事物，"和而不同"，则和实生物。如果只是相同的事物简单的相加，则不可能产生新事物。将"和谐"用于人际关系，"己所不欲，勿施于人""宽则得众"，就会取得众人的信任，达到人与人和谐、人与自我和谐的境地。将"和谐"用于社会，就能协调各方利益综合不同意见，化解复杂矛盾，人与社会保持和谐。将"和谐"用于人与自然的关系，人将会尊重自然规律，节约和感恩自然资源，合理地利用自然界，与自然界保持和谐。中庸思想对于构建社会主义和谐社会，践行和落实科学发展观，完善重大决策的规则和秩序，使决策真正建立在科学、民主的基础上等方面具有重要的借鉴价值和现实意义。

三、核心基因保存

"孔子以'仁'为核心、以'礼'为行为规范、以'中庸'为思想方法的主张"作为"孔氏南宗家庙"的核心基因,文字资料保存于明代《诏建衢州孔氏家庙碑》、崔铭先《孔夫子的嫡长孙们》等文献中,实物材料保存于衢州孔氏南宗家庙。

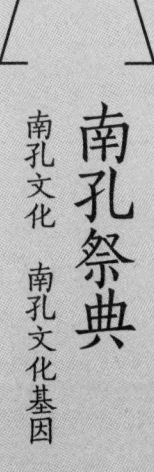

南孔祭典

南孔文化　南孔文化基因

南孔祭典

孔氏南宗祭祀孔子的活动始于衍圣公孔端友南渡、定居衢州之时，先是家内供奉"楷木像"及唐吴道子所绘"先圣遗像"以供祭祀。绍兴六年（1136），诏命"权以衢州学为家庙"，"春秋舍奠，袭封奉祠者率族拜跪"，"退修鱼菽之祭"，从此祭祀孔子就有了固定的场所。百年之后的宝祐元年（1253），宋理宗拨款36万缗，修筑了规制略同于曲阜的孔氏家庙，祭祀孔子的仪式也就自然地转入新建的孔氏家庙了。以后，孔氏家庙几次毁而迁建，祭祀活动的场所也就随庙而迁了。

自衍圣公孔端友始，六代衍圣公时期的祭祀仪式基本上是按照古制进行的，并均有当地官方的介入；元至元十九年

（1282），五十三世嫡长孙、衍圣公孔洙让爵于曲阜族弟之后，孔氏南宗的祭祀活动即由嫡长孙或族长主持，仪式程式亦无大的变化，只是官方的介入少了，没有衍圣公时的隆重了。明正德元年（1506），五十九世嫡长孙孔彦绳复爵为翰林院五经博士之后，至七十五世嫡长孙南宗奉祀官孔祥楷，孔氏南宗的祭祀活动一直是正常进行的。只是公祭时由地方长官（或省府长官）主祭，嫡长孙、翰林院五经博士陪祭；孔氏家族家祭时，地方长官或派员陪祭而已。参与祭祀者除孔氏族人外，有地域辖区内的各级官吏、民众代表等。

新中国成立之后，祭祀孔子的活动暂告结束。2004年9月28日，衢州举行了新中国成立以来的首次祭孔大典。这次祭祀，由于有孔子七十五世嫡长孙、民国年间曾任奉祀官的孔祥楷先生介入，就基本上继承和恢复了历史上祭祀孔子仪式的主要仪程。

中国是礼仪之邦，中华民族是崇礼尚仁的民族。这与2000多年来儒学的传播和对孔子的祭祀活动是分不开的。特别是在中国南方，孔氏嫡裔定居衢州之后的立庙祀孔，起了极大的宣传示范作用。

一、要素分解

（一）物质要素

1. 历代政府在经济上的大力支持

繁多的祭祀活动要求孔氏南宗必须具有相应的经济实力。早在绍兴六年（1136），宋高宗即下诏"计口量赐田亩"，除用于祭祀活动之外，"均赡族人，并免租税"。绍兴八年（1138），赐衍圣公孔玠衢州祭田五顷，以供祠祀。

元初让爵后，由族长主祀事，祭田也归族长掌管，但仍以圣庙为户。明洪武十四年（1381），明太祖重造全国赋役黄册，不许以圣庙立户，祭田于是以族长孔希达为户，以民田纳赋。洪武十九年（1386），孔希达全户发配云南大理，祭田抄没入官。正统十年（1445），祭田拨还孔氏南宗，但改科重粮一百二十六石。正德元年（1506），南宗复爵，祭田赋税也因此得以减轻。万历四十年（1612），孔氏祭田五顷，每亩征银一分五厘多一点，约为当时衢县平均田赋的四分之一。清代，尽管民田田赋增长，但孔氏南宗祭田赋税继续沿袭明制，占衢县平均田赋比例降至百分之十七点六。民国时期，南京政府仍给予孔氏南宗祭田以极低的赋税，仅为全省平均正税的二十分之一，每亩仅收二分七厘。

清代，孔氏南宗源源不断地获赐田产。康熙五十九年

（1720），浙江巡抚朱轼增拨拱辰门外濠田三十亩，以供祀事。逾年，又续给三十亩。同治八年（1869），浙江督学徐树铭奏请将龙游荒田约两千亩之多，拨入南宗家庙。同治九年（1870）、十一年（1872），又先后将龙游的无主荒田拨入翰林院五经博士户，计田一千六百二十多亩，另有山、地、塘若干，以充族中赈济及家塾等费用支出。据现有资料统计，孔氏南宗在衢县、龙游等地的田产当在万亩以上。正是各种轻税政策和不断的赐田，在经济上保证了孔氏南宗祭祀活动的持续而顺利进行。

2. 孔氏南宗家庙是祭祀的场所

孔氏南宗家庙供奉着孔子夫妇、孔鲤等，同时也供奉了南渡至衢州的六代衍圣公和历代翰林院五经博士，是孔氏南宗祭祀的场所。

3. 祭官的选择

南宋时孔氏南宗衍圣公、明清时孔氏南宗翰林院五经博士、民国时孔氏南宗奉祀官的主要职责，是代表帝王、执政者祭祀孔子。南渡后，孔氏南宗家庙以衍圣公主祭。自孔洙让爵后，由族长主祭。族长的确认，以贤而不以长，即以贤德为首认标准，排行长位的、年龄辈分大的不一定能担任族长，故历任南宗家庙族长的，都是品学兼优者。自五十九世孙孔彦绳开始恢复承袭制之后，就以翰林院五经博士主祭，并由执事官助祭。而以行辈最尊、年龄最高的族长主祭崇圣祠。报功祠由翰林院五经博士主祭，但不着朝服，意为"以孔姓之情谢恩官之德"。其他各祠，均以族属有爵位且德高望重者担任主祭，如五支祠由值年之房的长者主祭，袭封祠和六代公爵祠由袭封这一支派员主祭。这一规定，至清末仍如此。民国时期，改由奉祀官主祭。

4. 执事、礼生

孔氏南宗家庙祭孔执事4—8人。每逢丁祭大典，大成殿需鸣赞、引赞、读祝礼生12人，四配需用8人，两庑需用8人，崇圣祠需用4人，其余8人以司陈设盥洗等项，共应用礼生40人。礼生人员之增补，照阙里惯例，

本氏族内尽数选充，如不够，则挑选西安（今浙江衢州）附近之俊秀补足。

在孔府内所设的司乐厅，专门管理祭孔事宜，具体有掌管祭孔乐章，排练八佾舞、六佾舞，保存乐器、舞具祭器，训练乐舞生等。

5. 品种繁多的祭器

根据仪注，孔府有许多祭器，主要有：

盛酒浆器皿：爵、壶、尊、瓶、杯。

盛食品器具：篮、簋、笾、豆、铏、勺、俎、登。

盛织物器皿：筐、篚。

乐器：俞、琴、瑟、笙、笛、篪、埙、钟、鼓、磬、柷、节、柎。

舞具：干、麾幡。

还有香炉、烛擎、祝文版，等等。

礼器以铜、锡、铁制作。几经战乱，失而复制。光绪末年，第十五世翰林院五经博士孔庆仪，依式增置使之完整。计有：铜爵52只，锡铏10个，锡勺5个，锡笾22个，锡簋22个，锡笾44个，锡豆88个，锡尊10个，锡登10个，锡壶3个，竹筐3个，木俎3架，铜炉10个，锡烛擎11对，锡瓶1对，木帛篚10个，祝文版1座。后毁于民国三十一年（1942）日寇攻陷衢州之时。

6. 祝文

祭祀时所读祝文，内容大体相同。孔氏南宗家庙祝文原件已无查，现据文庙版本录之正献祝文："维先师德隆千圣，道冠百王。揭日月以常行，自生民所未有。属文教昌明之会，正礼节乐和之时。辟雍钟鼓，咸恪荐以馨香；泮水胶庠，益致严于笾豆。兹当仲（春秋），祗率彝章。肃展微忱，聿彰祀典。以复圣颜子、宗圣曾子、述圣子思子、亚圣孟子配，尚飨。"崇圣祠致祭祝文："维王奕叶钟祥，光开圣绪，盛德之后，积久弥昌。凡声教所覃敷，率循源而溯本，宜肃明禋之典，用申守土之忱。兹届仲（春秋），聿修祀事，以先贤颜氏、曾氏、孔氏、孟孙氏配，尚飨。"

7. 乐器

琴4张，瑟2张，凤箫2排，箫4支，笙4攒，笛4支，篪2支，埙2个，大楹鼓1面，红绫麾幡1首，柷1座，搏柎2面，敔1座，干2面，节2支，铜钟16口，石磬16块。舞干并金龙首雉尾翟24副。

8. 乐生、舞生

按乐器数，每件1人，专人负责。

另有监乐生1人，负责乐队人员与乐器配备。还有歌8人，负责六乐章的演唱。各乐生及人数配置如下：司琴生4人，司瑟生2人，司凤箫生2人，司箫生4人，司笙生4人，司笛生4人，司篪生2人，司埙生2人，司楹鼓生1人，司红绫麾幡生1人，司柷生1人，司搏拊生2人，司敔生1人，司干生2人，司节生2人，司编钟生1人，司编磬生1人。佾舞生24人，负责佾舞。

9. 繁多的祭祀种类

自南宋以来至清末民国时期，孔氏南宗的祭孔活动经久不衰，最盛时每年有大小祭祀50多次。

四大祭。在每年春夏秋冬四季的仲月上丁之日举行祭仪，所以又名"四大丁祭"。这是一年内最隆重的祭仪，尤以春祭、秋祭更为隆重。大祭前夕，除了主祭官员和执事人员忙于大祭的准备工作外，衢州乡下的沟溪、孔家、慈姑垄等地的孔子后裔也都沐浴后换上干净整洁的衣服，参加大祭礼仪。

四仲丁。大祭后的第十天进行祭仪，这是"四大祭"的余波，其规格大逊于"四大祭"。

八小祭。不祠太牢而祠以少牢，谓之"小"。每年清明节、端阳节、中秋节、除夕、六月初一、十月初一、孔子生日、孔子忌日举行祭仪，共八次，所以叫"八小祭"。

节气祭。在每年二十四节气举行祭仪，仪式简单，不邀宾客、族众，不祠太牢、少牢，只设祭品于盦簠笾豆之中，行三叩首礼。每月初一、十五举行祭拜，不祠任何祭品，只行简单的三叩首礼。

特别祭。孔子生日、忌日逢十年、逢百年之祭仪隆重于"八小祭"的生、忌日之祭。遇有重要事件，如清初平"三藩之乱"后，兵部尚书李之芳与总督陈秉直驻辖衢州，孔府举行隆重祭仪，奠祭孔子，庆祝胜利。又如清道光年间，家庙拓建而成，举行隆重祭仪。

（二）精神要素

1. 尊祖敬宗、慎终追远的精神

曾子曰："慎终追远，民德归厚矣。"（《论语·学而》）"慎终"指谨慎对待父母丧事，"追远"指追思久远的祖先，丧祭之事为尽孝的重要方面，"儒者就理智言，虽不肯定人死有鬼，而从人类心情深处立教，则慎终追远，确有其不可已"。追远，是对自己所从来者的追念与感怀，所谓水木本源之念，就其引申义而言，可涵纳者甚广。孔氏族人南渡以来珍视家族文物，思念鲁地，赴鲁会族，祭孔、祭祖活动等，均是追远之思的表现。

2. 开放包容的变革创新精神

孔子在后世被尊称为"万世师表""至圣先师"，而"祭孔"活动则是历代帝王、士人民众表达对孔子崇敬之意的重大社会活动。作为有"宣圣正宗""先圣嫡派""先圣嫡裔"之称的孔氏南宗，亦将祭孔活动置于重要的地位，世代传承，并且秉持"礼，时为大"的与时俱进精神，不断创新形式、丰富内容，结合时代特色而不断赋予新的内涵与文化特质。衢州孔庙管委会主任孔祥楷先生以"当代人祭孔"的理念，征求社会各方意见，策划设计了南宗祭孔的全部仪程。传统的祭孔典礼由乐、歌、舞、礼四部分构成大型庙堂祭祀乐舞，但南孔祭典却大胆革新，将祭祀仪式中的歌舞演出部分剥离，独立为祭孔典礼前一天的纪念晚会。而其余部分，则简化为"礼启、祭礼、颂礼、礼成"四个篇章，整个礼程不到40分钟。整个活动既有民族特色，又有时代气息。此外，孔祥楷还力主把孔氏南宗家庙中孔子牌位上"大成至圣先师之神位"的"神"字删掉，改成了"大成至圣先师之位"，"因为孔子他是人，不是神"。2004年9月28日，时值孔子诞辰2555周年纪念日，衢州市举行了1949年以来的首次祭祀大典。南孔祭祀大典定位为"当今社会各界祭祀孔子，不沿袭仿古的祭祀形式"，即"当代人祭祀孔夫子"。比如，"献五谷"代替了"供太牢"，银杏叶和古柏叶系以黄丝带代替了贵宾佩戴的鲜花，着现代正装的市民代替了着古代服装的"演员"，改佾舞为朗诵《论语》章句，全场合唱《大同颂》，歌词是《礼运·大同篇》。这充分体现了南孔开放包容的变革创新精神。①

（三）制度要素
规范的祭祀议程

祭孔时间定在每年春秋两季的仲月丁日。月用仲，仲即每季的第二个月，亦即中间之月含有"正"之意。

---

① 张宏敏：《南孔文化的内涵及其基本精神》，《国际儒学（中英文）》2023年第4期，第17页。

日用丁，丁为"阴火"之意，以火为文明之象征。

祭祀前十天，须考核、确定、落实乐生舞生人员，进行教演，务使纯熟。合格之后，再进一步集中学习乐、舞、礼等各项技艺和规范，随时听候管理和调遣。乐生、舞生务必用心演习，不出差错，以免祭祀时出现闪失，影响礼仪。

祭祀前五天，将祭祀用的钟、磬、籧、笙、箫、鼓、笛等乐器和尊、爵、豆等器具洗刷干净。

祭祀前三天的卯时（早晨五点到七点）或辰时（上午七点到九点），主祭乘大轿，在吹打乐中由分献官、典仪官以及礼生、乐舞生相拥进入家庙居住，并沐浴、习礼，以示"心正意诚"。孔府和家庙仅一墙之隔，相互间有小门可通，平日不必从大门出入。习礼期间，主祀官及其他官员等人，有时也可以离开家庙归府，但一定不能从大门出进，只能从小门离庙归府，这叫"明进暗出"。离府回家庙习礼，也是从小门进的。祭祀前一天，执事人员忙于准备祭品。至当天未时（下午一点到三点），将盐、猪血、炙米、稷谷、菱角、果脯、束脩

放于盦簋笾豆之中，灌浆酒于爵壶之内，陈织帛于筐篚之上，同时在与大成殿相接的东庑之端，搭设起象征性的帛坊、酒肆。

至夜里亥时（晚上九点到十一点）前后，屠夫操刀宰杀牛、羊、猪三牲（由于孔子可以享受太牢之礼，因而三牲得用整牛、整羊、整猪）。到祭祀之日的子时（晚上十一点到一点），宰杀完毕，陈三牲于俎上。

此时，架立在大成殿前东西两侧的钟鼓齐鸣，报告大祭之日已到，"神""圣"将至，于是大成门、大成殿及东西两庑焚香点灯燃烛，一时青烟缭绕，灯火通明。与此同时，掌馔者将祭品一一分放和摆设在大成殿及东西两庑的神龛前，并由执事者逐一检查，以免遗漏或错放。上述事情在丑时（夜里一点到三点）前完毕。接着全体人员包括前来参加祭祀的朝廷官员易服换装，准备迎"神"接"圣"。

当时交寅卯之时，钟鼓三鸣其声，预示着"神""圣"即将降临。参加祭祀的人员按制就位，乐舞生起舞（跳六佾舞），赞礼生唱礼，敬迎"天神""社神""稷神"和孔子及其昭穆以及中兴祖南渡祖等先祖的降临。

接着举行"三献礼",其程序为初献、亚献、终献。主祭者从东阶上神座,从西阶下复位,每次行三跪九叩之礼。助祭者分献也是这样。初献时献奠帛、献爵、读祝文。三献之后,意味着"神""圣"已受食收帛,于是送"神"别"圣",再行九叩首之礼。尔后主祭、助祭在丹墀下各自就位,至礼毕。此仪式大约需要一个多时辰。

在大祭之日,除了上述在大成殿的祭仪外,还要分派人员对崇圣祠、五支祠、六代公爵祠、袭封祠、报功祠进行祭奠,祭式较简单。在大成殿祭孔,是代表朝廷,对各祠的祭奠是家祭。对各祠的祭仪大致是能"献之爵尊,爱之心诚,一跪三拜"就行了,祭日参祭人员也"饮福受胙"一餐。从衢州四乡赶来的孔姓子孙,在晚上分享俎上之肉、尊中之酒后,还分到一份束脩和馒头。

二、核心基因提取与评价

基于对材料的全面、深入分析,得出南孔祭典的核心基因:"尊祖敬宗、慎终追远的精神""开放包容的变革创新精神"。

南孔祭典核心文化基因评价依据

评价项目	评价因子	评价依据(特点)	是否
生命力评价	文化基因存续的时间	自出现起延续至今,未曾明显中断	√
		自出现起延续至今,但多次衰微、中断后复兴	
		曾明显衰败,改革开放后开始复活复兴或历史溯源关键环节缺失,难以考证	
		文化形态主体已灭失,现存部分痕迹	
	文化基因的稳定性	在发展过程中保持相当稳定的状态	√
		在发展过程中存在明显的精神内涵、表现形式剧变	
凝聚力评价	文化基因的凝聚力及社会动员效果	曾广泛凝聚起区域群体的力量,显著推动过社会经济文化的发展	√
		曾部分凝聚起区域群体力量,对社会经济文化的发展产生过影响	
		凝聚过力量,创造过实际的发展动能,但未见对社会经济文化发展产生显著改变	
		仅在历史文献或口耳相传中存在,未见实际介入社会经济发展	

续表

评价项目	评价因子	评价依据（特点）	是否
影响力评价	辐射的范围	具有全国性、世界性的影响力	√
		具有长三角区域、浙江省影响力	
		具有市县、乡镇影响力	
	提炼的高度	已经被古代文人士大夫和当代学者提炼为精神符号和理念理论	√
		单纯的样式、造型、工艺技术规范	
发展力评价	与当代精神追求和价值观念的契合	传统文化基因得到创造性转化、创新性发展；区域革命文化基因被完整继承、广泛弘扬；区域社会主义先进文化基因成为与浙江"三个地"相适应的文化高地	√
		部分转化、部分弘扬、部分发展	
		难以转化、难以弘扬、难以发展	

说明：基因特点评价是对解码出来的基因，根据本《导则》表2的要求，围绕"四个力"逐一对表打"√"，进行定性表述

（一）生命力评价

"尊祖敬宗、慎终追远的精神""开放包容的变革创新精神"自出现起延续至今，未曾明显中断。祭孔是中华民族2000多年来为了尊崇与怀念至圣先师孔子而举行的隆重祭典，成为世界祭祀史、人类文化史上的一个奇迹。祭孔的目的是继承文化传统，把儒家文化中的精华转化成为现代生活的一部分。祭祀孔子是在缅怀和宣扬儒家思想，以儒家思想作为处世为人的道德准则。

（二）凝聚力评价

"尊祖敬宗、慎终追远的精神""开放包容的变革创新精神"曾广泛凝聚起区域群体的力量，显著推动过社会经济文化的发展。祭孔大典用音乐、舞蹈等集中表现了儒家思想文化，

体现了艺术形式与政治内容的高度统一，形象地阐释了孔子学说中"礼"的含义，表达了"仁者爱人""以礼立人"的思想，具有较强的思想亲和力、精神凝聚力和艺术感染力，对于弘扬优秀传统文化、营造和乐氛围、构建和谐社会、凝聚民族精神具有不可替代的社会作用。

（三）影响力评价

"尊祖敬宗、慎终追远的精神""开放包容的变革创新精神"具有全国性、世界性的影响力。在中华民族5000多年的文化史上，孔子是集大成者，前2500多年靠孔子的记录和传承，后2500多年靠孔子思想的传播和影响。古人说："天不生仲尼，万世如长夜。"我们不可想象，没有孔子的中国，会有怎样的一部历史。祭孔大典包括祭祀仪式和祭孔乐舞两部分。随着祭孔的规格和礼仪不断增加，祭孔大典成为与祭祀天地、社稷并列的"国之大典"，成为传承中华文化的象征性仪式。祭孔乐舞则起源于更早的舜帝时期，是尽美的韶乐子遗，是世界上最古老的大型交响乐，比世界交响乐之父——奥地利作曲家海顿早了3000多年，在世界音乐史上堪称奇迹。祭孔大典的每一个舞蹈动作，都是一个个进退谦让的礼仪规范，体现了礼乐教化功能，是中国礼乐文化的代表作。可见其影响力。

（四）发展力评价[1]

"尊祖敬宗、慎终追远的精神""开放包容的变革创新精神"让传统文化基因得到创造性转化、创新性发展。祭孔，就是要唤醒根植于中华儿女血脉之中的仁爱、敬畏和责任，做一个负责任的国家，做有良知的公民。祭孔，犹如让孔子再次"周游列国"，在世界范围内宣传中国人坚守了几千年的文明、礼仪、仁爱、道德、和谐的传统美德，树立"和为贵""讲信修睦"的大国形象，让世界放心，为中国争取有利的发展环境，为实现中华民族伟大复兴中国梦而贡献有效路径。

---

[1] 详见宋睿《三个追问，洞见全球同祭孔之现代意义》一文。

三、核心基因保存

"尊祖敬宗、慎终追远的精神""开放包容的变革创新精神"作为"南孔祭典"的核心基因，文字资料保存于吴锡标等著《孔氏南宗研究》、《衢州孔氏南宗家庙》、《南孔研究》等文献中，实物材料保存于衢州孔氏南宗家庙。

孔子及亓官夫人楷木像

南孔文化　南孔文化基因

孔子及亓官夫人楷木像

楷木像相传为孔子学生端木子贡手雕，表面呈褐色，孔子雕像高37.2厘米，亓官夫人雕像高41.2厘米。孔子阔额，身着大袖长袍，手捧朝笏，神态威严；亓官夫人长裙垂地，雍容大方。原供奉在曲阜孔府中。南宋建炎三年（1129），衍圣公孔端友奉楷木圣像率宗族随驾南渡，后被赐家于衢。据清冯世科《鲁阜山神祠记》："城南柯阳首庙，垣宇倾圮，有残碑卧丛棘中,字迹漫漶,不能卒读,就其存者缀之,略云:衍圣公端友负楷木圣像,扈跸来南,夜泊镇江,奉像舟覆,风浪中,有三神人拥像,逆流而上,得于江滨。公焚香祷谢,烟篆'鲁阜山神'四字。公后赐家于衢,因建祠世祀焉。"民国时期,鉴赏家余绍宋来家庙拜谒时,曾为两楷木雕像摄影并题词:"上为至圣先师及亓官夫人楷木像,相传为端木子贡手雕。刘佳游家庙诗所谓传是卫国贤摹刻,志师谊者也。西安旧志仅云,宋衍圣公孔端友随高宗南渡抱负以来。不言何人所制,盖无确证不敢轻说耳。今观两像木理坚结,几化石质,而雕刻又极古朴、浑穆,虽不敢必其出于子贡,要为汉以前人之制作则无可疑。木质而能流存至今,世间更无其偶,况属圣容,尤堪称重。旧奉家庙思鲁阁下,今移奉阁上。孔裔向不轻示人,非其时不许瞻仰。十五年前由绍宋商诸前博士肖铿先生,始许摄影,渐传于世。人多未详其由来,用志数言,借传梗概。庚午首夏龙游余绍宋再拜谨记。"左下方钤有篆书"余绍宋"白文印章,此照为玻璃版,现仍珍藏于市博物馆。时至民国二十八年(1939)日寇入侵,国民政府为保护圣像,命孔氏南宗七十四世孙、奉祀官孔繁豪护送圣像从衢州到丽水龙泉、云和、庆元等地。直至民国三十五年(1946)农历八月二十七日奉迎回归家庙。1952年7月12日,楷木像从衢县中心文化馆调入浙江省文管会。1959年9月27日,楷木像由浙江省文管会借予山东省曲阜县文管会用于复制,借期半年,后因故未还。

一、要素分解

（一）物质要素

1. 孔子和亓官夫人像

子贡的雕刻传说感人至深：孔子去世后，弟子们悲痛不已，在孔子的坟前守墓三年，才依依不舍，挥泪惜别。但是，子贡却仍然不忍离去，于是在孔子墓前搭起茅屋，继续守了三年。这期间，子贡常常回忆老师生前的言行笑貌，于是砍来楷木，心思手摹，雕刻出孔子和亓官夫人的像。

2. 楷木

曲阜多楷木，孔传《东家杂记》载，"今林中楷木最盛"。有一天，子贡偶然发现楷木适合雕刻，于是用孔子墓旁常见的楷木为老师和师母刻像，寄托对两人的思念。

（二）精神要素

1. 尊祖敬宗、慎终追远的精神

建炎南渡时，孔氏族人携孔子与亓官夫人楷木像、吴道子绘孔子像等文物而来衢。楷木圣像由孔氏族人细心珍藏，明清时期供奉于家庙思鲁阁，士人得以瞻仰。

2. "自强不息"的精神

自孔氏族人南渡以来，楷木圣像已历经近 900 年的岁月,不仅见证了孔氏南宗的沧桑历史,更见证了孔氏南宗族人的自强精神。在近900年中,一批批硕儒名贤前来瞻仰,他们无不对楷木圣像赞叹不已,并留下了众多诗文;在近900年中,楷木圣像既屡受瞻仰,也历经多次战乱。战乱中,孔氏南宗族人用心珍藏与保护圣像,保证了圣像的安全。

(三)制度要素
供奉于孔氏南宗家庙思鲁阁供世人瞻仰

楷木圣像是孔氏南宗的重要珍宝,孔氏族人极为珍视,细心收藏,供奉于孔氏南宗家庙思鲁阁。正是孔氏南宗历代族人的用心珍藏,我们今日才仍然能见到这一珍贵文物。楷木圣像的传奇,既展现了孔氏南宗族人的家传珍宝与人共瞻仰的传统,又体现了孔氏南宗珍藏圣像的家族传统。

(四)语言和象征符号
"朴拙、浪漫、刚健、恬静"的中国传统大写意审美

孔子像高37.2厘米,宽15.5厘米。双膝前屈,正面蹲坐于台上。身着长袍,双手合抱于胸前。面部为圆长形,双目横长突出,高鼻合口,卷唇不露齿,唇上两绺八字胡,下垂三绺长须,两长耳外突。夫人亓官氏像高41.2厘米,宽16.5厘米。双膝前屈,正面端坐。身着长袍,腰束宽带,双手拱于袖内。长圆胖脸,双目正视稍闭,高鼻,小口合唇,左右两耳外张。头挽发髻,靠前部发髻右旁有一站穿孔,似插簪处。造型优美,表现了贵族社会中的妇女形象。

郁达夫这样描述孔子及亓官夫人楷木像:"(楷木)像各高尺余,孔子的是朝服执圭的一个坐像,亓官夫人的也是一样的一个,但手中无圭。两像颜色苍黑,刻划遒劲,绝不是近代人的刀势。……孔子像的面貌,同一般的画像并不相同,两眼及鼻子很大,颧骨不十分高,须分三挂,下垂及拱起的手际,耳朵也比常人大一点儿。"人物温静的面容也显示了艺术表现的新水平。

从孔子及亓官夫人楷木像造型艺术审美特征中,可以看出木刻人物毫无装饰的简洁与朴拙,突显春秋战国艺术的审美意识,折射出当时雕塑艺术整体造型之中的一种简洁与古朴笨拙相结合的自然感。

二、核心基因提取与评价

基于对材料的全面、深入分析，得出孔子及亓官夫人楷木像的核心基因："尊祖敬宗、慎终追远、自强不息的精神"。

孔子及亓官夫人楷木像核心文化基因评价依据

评价项目	评价因子	评价依据（特点）	是否
生命力评价	文化基因存续的时间	自出现起延续至今，未曾明显中断	√
		自出现起延续至今，但多次衰微、中断后复兴	
		曾明显衰败，改革开放后开始复活复兴或历史溯源关键环节缺失，难以考证	
		文化形态主体已灭失，现存部分痕迹	
	文化基因的稳定性	在发展过程中保持相当稳定的状态	√
		在发展过程中存在明显的精神内涵、表现形式剧变	
凝聚力评价	文化基因的凝聚力及社会动员效果	曾广泛凝聚起区域群体的力量，显著推动过社会经济文化的发展	√
		曾部分凝聚起区域群体力量，对社会经济文化的发展产生过影响	
		凝聚过力量，创造过实际的发展动能，但未见对社会经济文化发展产生显著改变	
		仅在历史文献或口耳相传中存在，未见实际介入社会经济发展	

续表

评价项目	评价因子	评价依据（特点）	是否
影响力评价	辐射的范围	具有全国性、世界性的影响力	√
		具有长三角区域、浙江省影响力	
		具有市县、乡镇影响力	
	提炼的高度	已经被古代文人士大夫和当代学者提炼为精神符号和理念理论	√
		单纯的样式、造型、工艺技术规范	
发展力评价	与当代精神追求和价值观念的契合	传统文化基因得到创造性转化、创新性发展；区域革命文化基因被完整继承、广泛弘扬；区域社会主义先进文化基因成为与浙江"三个地"相适应的文化高地	
		部分转化、部分弘扬、部分发展	√
		难以转化、难以弘扬、难以发展	

说明：基因特点评价是对解码出来的基因，根据本《导则》表2的要求，围绕"四个力"逐一对表打"√"，进行定性表述。

（一）生命力评价

自孔氏族人南渡以来，楷木圣像已历经近900年的岁月，不仅见证了孔氏南宗的沧桑历史，更见证了孔氏南宗世代族人自强不息的精神。可见生命力强大。

（二）凝聚力评价

孔氏家族的特殊地位和孔氏南宗士人的政治作为，为江南社会注入了强大的凝聚力。孔氏南宗族人所拥有的"圣贤后裔"的特殊身份，令江南士人和民众仰慕，且产生与之交往接触的动机和行为，此所谓"见圣孙如见圣祖"。正因为如此，孔氏族人担任地方官吏，对当地士人和民众无疑具有独有的感召力和凝聚力。

（三）影响力评价

由于楷木圣像自身的重要价值及其在士人中的重要影响，楷木圣像成为孔氏南宗"尊祖崇礼""自强不息"精神的重要象征。民国三十五年（1946），浙江省第五区行政督察专员姜卿云为徐映璞《孔氏南宗考略》作序，开篇即写道："衢县旧称西安，实大成至圣先师楷木遗像南迁，奉祀之邦，次于曲阜，为全国第二圣地。"该序以楷木圣像的南迁指代孔氏大宗南迁，可见楷木圣像所蕴含的历史文化价值及其重要象征意义。

（四）发展力评价

孔子及亓官夫人楷木像得以保存至今，不仅蕴含极高的历史价值，让后辈艺术家得以一窥孔子风采，更为他们研究春秋战国时期人物的衣着打扮、雕塑艺术造型特点、审美价值以及对孔夫子形象的再创作提供了极其珍贵的史料价值。对于中国优秀传统文化的传承和发展，极具当代指导意义。

三、核心基因保存

"尊祖敬宗、慎终追远、自强不息的精神"作为"孔子及亓官夫人楷木像"的核心基因,文字资料保存于吴锡标等著《孔氏南宗研究》、《衢州孔氏南宗家庙》、庄月江《孔氏南宗家庙纪实》等文献中,实物材料保存于衢州孔氏南宗家庙。

孔洙让爵

南孔文化　南孔文化基因

孔洙让爵

孔子五十三世孙孔洙，字思鲁，一字景清，号存斋。孔万春之子。淳祐元年（1241）袭封衍圣公。宝祐元年（1253），衢州知州孙子秀奏请朝廷，给省钱36万缗，鼎建家庙于城北菱湖。是年，孔洙添差通判衢州军州事。历吉州、平江、信州通判，终承议郎，宋亡不仕。

南宋一朝，衢州成为当时孔氏家族的中心，朝廷重用了大批南宗子孙。南宋时孔氏南宗共出了五位进士，先后五人出知州、军。其中四十七世孙孔传封仙源县开国男，食邑三百户；五十一世孙孔应得官至资政殿学士，签书枢密院事，参与南宋最高军政大事；五十二世孙衍圣公孔万春兼任南外宗正丞，掌理皇室寓居南方各代宗室事务，以圣门之后掌皇室玉牒。

元至元十九年（1282），元世祖忽必烈议立孔子后，众臣皆以寓衢者为大宗。遂召衍圣公孔洙赴阙，欲令其载爵回曲阜主持奉祀。孔洙以先世庙墓在衢，不忍离去，毅然让爵于曲阜宗弟孔治，并以母老为由，乞求南还。世祖赞曰："宁违荣而不违亲，真圣人后也。"拜孔洙为承务郎、国子祭酒兼提举浙东学校，给俸养廉，并予护持林庙玺书。正宗之罢封自此始。至元二十四年（1287），再授奉圣大夫，福建道儒学提举。到任后病卒，年六十，葬西安县靖安乡。孔洙敏而好学，精研经史，著有《存斋集》两卷，今佚。

孔洙让爵后，至明正德元年（1506），孔氏南宗嫡派失去世袭封爵达224年之久，孔氏南宗也由此失去了正统地位。但由于孔子的特殊地位，孔氏南宗族人仍以圣裔身份不断被恩授官职。据《孔氏南宗考略》的不完全统计，这一时期孔氏南宗先后有36人担任过行省至州、县各级学官，地域涉及今浙江、安徽、江西、江苏、湖南、湖北、福建、山东等十余省，为教书育人、传播儒学不懈努力。

一、要素分解

（一）物质要素

1. 孔洙"德让爵位"

对孔洙"德让爵位"这一重要历史事件，元、明、清三代学者的著作中都有记载和褒扬，如清代学者邵远平的《元史类编》写道："孔洙，圣裔也。自宋南渡，孔氏四十八代孙端友从南，家衢州，袭封衍圣公；金人亦求其在曲阜者（按：孔端操）封焉。世祖既平宋，议所立，或言'寓衢者为大宗'。召洙至，欲封之，使归鲁。洙以先世庙墓在衢，不忍舍，固让其爵于在鲁者（按：孔治），且以母老乞南还。世祖嘉之曰：'宁违荣而不违亲，真圣人后也。'授祭酒兼提举浙东学校，以便奉母。自端友后，六世皆袭衍圣公，其罢封自洙始。"

2."孔洙让爵"雕塑

2011年，孔氏南宗家庙以真实的历史事件为构思底本，历经4个月，打造了一组"孔洙让爵"的雕塑于六代公爵祠内，陈列了"孔洙让爵"归来场景的人物群雕，生动地再现了这一历史时刻。"孔洙让爵"是南宗孔氏的一个转折点，褪去"衍圣公"光环之后，孔氏大宗也走向了民间，他们办学传道、教化民众，为传播儒学竭尽所能。而这，也成了衢州孔氏南宗家庙的使命所系。

（二）精神要素

1. 谦让和谐的人文精神

孔洙"让爵"之举，既体现了儒家的尊亲、孝道理念，又践行了以和为贵的谦让风范。正如浙江省儒学学会会长吴光所言："南宗孔洙的礼让，是让爵、让政统，不是让嫡、让血统。孔洙以后，衍圣公的爵号就归北宗了，但这并没有改变南宗仍然是孔氏大宗、宗子的地位。所以明末大儒刘宗周还是称南宗为大宗。南宗的'让爵'体现了'违荣不违道'、以大局为重、以和为贵的精神，这是儒家文化的真精神。"

2. 运用儒家特有的中庸之道，以"让爵"之举阻止元朝统治者"以孔治孔"的图谋

建炎三年（1129），孔氏大宗惜别阙里之后，金王朝扶持的伪政权"大齐"控制了曲阜。伪齐皇帝刘豫封留守林庙的孔端操为"衍圣公"，孔端操拒不接受，次年病亡。齐阜昌三年（1132），伪齐皇帝强封孔端操之子孔璠为衍圣公，此后金政权又在曲阜扶持了三代衍圣公。蒙古军队攻占曲阜以后，封金衍圣公孔元措族弟孔元用为衍圣公。金、元衍圣公并存9年，各拥势力，明争暗斗。元太宗五年（1233），诏令金衍圣公孔元措续任元衍圣公，元初新封衍圣公孔元用被免爵。孔元用之孙孔治世袭曲阜县令以后，又设计使孔浈（孔元措无子，由其弟孔元紘之孙孔浈为嗣）失去衍圣公爵位。

孔洙以"让爵"之举挽回了曲阜孔氏的圣裔尊严，以余生之力维护江南儒学、南宋理学的文化环境，保护沦为元朝第四等人"南人"的江南孔氏及众多儒子免遭歧视迫害。直至孔洙病逝若干年后，元朝才重新确认和赐封衍圣公。

3. 摒弃"独尊"意识、发扬"仁政"和"化民成俗"的儒家思想

"孔洙让爵"是孔氏南宗历史上具有重大转折意义的事件，揭开了孔氏南宗平民化进程的序幕。此后，孔氏南宗面临的是长达200年之久的家道中落，以至于"子孙益多，庙乏主祀，衣冠祭仪混同流俗"的历史命运。孔洙让爵之后，孔氏南宗并未因之而心怀不满，相反却更加忠实地践行孔子忠君爱国、"君君、臣臣、父父、子子"的观念，逐渐摒弃"独尊"意识，以平民化的心态融入到社会体系之中，

时刻铭记报效国家、拯济天下的崇高情怀，继承发扬了"仁政"和"化民成俗"的儒家思想。

（三）语言和象征符号

孔洙让爵

元至元十九年（1282）秋，元世祖经查访得知："孔氏子孙在衢州者，乃其宗子。"于是，诏命在衢的第六代衍圣公孔洙赴京觐见，令其回曲阜奉祀。孔洙以先祖庐墓在衢，且已在衢建立家庙的理由，情愿将"衍圣公"的爵位让于曲阜宗弟孔治。这一让就是224年，虽然在明弘治十八年（1505），南宗复爵了，但"五经博士"的待遇依然较北宗的"衍圣公"低很多。

二、核心基因提取与评价

基于对材料的全面、深入分析,得出孔洙让爵的核心基因:"谦让和谐的人文精神""摒弃'独尊'意识、发扬'仁政'和'化民成俗'的儒家思想"。

孔洙让爵核心文化基因评价依据

评价项目	评价因子	评价依据(特点)	是否
生命力评价	文化基因存续的时间	自出现起延续至今,未曾明显中断	√
		自出现起延续至今,但多次衰微、中断后复兴	
		曾明显衰败,改革开放后开始复活复兴或历史溯源关键环节缺失,难以考证	
		文化形态主体已灭失,现存部分痕迹	
	文化基因的稳定性	在发展过程中保持相当稳定的状态	√
		在发展过程中存在明显的精神内涵、表现形式剧变	
凝聚力评价	文化基因的凝聚力及社会动员效果	曾广泛凝聚起区域群体的力量,显著推动过社会经济文化的发展	√
		曾部分凝聚起区域群体力量,对社会经济文化的发展产生过影响	
		凝聚过力量,创造过实际的发展动能,但未见对社会经济文化发展产生显著改变	
		仅在历史文献或口耳相传中存在,未见实际介入社会经济发展	

· 068 ·

续表

评价项目	评价因子	评价依据（特点）	是否
影响力评价	辐射的范围	具有全国性、世界性的影响力	√
		具有长三角区域、浙江省影响力	
		具有市县、乡镇影响力	
	提炼的高度	已经被古代文人士大夫和当代学者提炼为精神符号和理念理论	√
		单纯的样式、造型、工艺技术规范	
发展力评价	与当代精神追求和价值观念的契合	传统文化基因得到创造性转化、创新性发展；区域革命文化基因被完整继承、广泛弘扬；区域社会主义先进文化基因成为与浙江"三个地"相适应的文化高地	√
		部分转化、部分弘扬、部分发展	
		难以转化、难以弘扬、难以发展	

说明：基因特点评价是对解码出来的基因，根据本《导则》表2的要求，围绕"四个力"逐一对表打"√"，进行定性表述

（一）生命力评价

处于平民地位的孔氏南宗，以衍圣弘道为己任，以平民之地位，行平民之凡事，履圣裔之职责，从中所体现的坚守精神和社会责任感、德才并育的教育理念与实践、传承创新家学传统的自觉意识和大众意识，对现实具有重要启示。可见生命力强大。

（二）凝聚力评价

"谦让和谐的人文精神""摒弃'独尊'意识、发扬'仁政'和'化民成俗'的儒家思想"体现了儒家文化从庙堂走向民间，并与民间逐渐融合的历史进程。在民间具有强大的凝聚力，对当代社会的民族融合、社会和谐具有指导意义。

（三）影响力评价[①]

让爵后的孔氏南宗，逐渐实现由庙堂走向民间。第一，积极参与官方教育。孔子五十三世孙中，孔洙被元世祖授以国子祭酒兼提举浙东学校，孔涛曾任宁国路儒学录、溧阳州儒学教授，孔涓、孔瀛、孔洵、孔源、孔灏分别任建德路学正、昌国州学正、江浙等处儒学副提举、常山县儒学、宁国路学正。第二，推动江南书院建设与发展。孔演于大德间任柯山书院山长，孔思俊在福建创办大同书院，孔克英任丹阳书院山长，孔克安、孔克原、孔克谦等分别出任白水书院、屏山书院和祁庵书院山长等，此外还出资创建和经营书院，其中以贤溪书院和万松书院为典型。第三，促进族学的近代化转型和发展。孔子七十三世孙孔庆仪"慨旧学之不足，力与维新"，于1903年倡导建立孔氏中学堂，后于1910年、1912年改为两等小学堂、孔氏完全小学校，促进了衢州近代学校教育的发展。第四，化民成俗以维护地方社会的稳定和发展。"圣孙"的特殊身份使孔氏南宗在民众心目中成为拂之不去的精神依托，此所谓"见圣孙如见圣祖"。

（四）发展力评价

首先，平民化时期的孔氏南宗，行平民之凡事，履圣裔之职责，从中体现的坚守精神和担当意识所折射的社会责任感，对当今社会有现实指导意义。其次，通过各种形式努力传承和创新儒家学说，从中体现的文化自觉意识为当今哲学社会科学的普及化和大众化提供了有益思路。具备比较强的转化能力，利用事件本身强大的影响力开发相关影视题材作品，如电影、电视剧、舞台剧、戏剧演出等。弘扬优秀传统文化的同时带来良好的社会效益和经济效益，具备很好的创造性转化、创新性发展前景。

[①] 详见吴锡标《"孔洙让爵"典故流传至今，探寻平民化与孔氏南宗文化的时代精神》一文。

三、核心基因保存

"谦让和谐的人文精神""摒弃'独尊'意识、发扬'仁政'和'化民成俗'的儒家思想"作为"孔洙让爵"的核心基因,文字资料保存于清代学者邵远平《元史类编》、《大明一统志》、《元史》等文献中。

沈杰倡议复爵

南孔文化 南孔文化基因

沈杰倡议复爵

明弘治年间，孔氏南宗嫡长裔孙封爵问题重新被提起。明弘治十八年（1505），衢州知府沈杰上书朝廷，请将孔端友嫡孙封爵，以主奉祀。明正德元年（1506），封孔子五十九世孙、孔洙六世孙孔彦绳为翰林院五经博士，子孙世袭，是为孔氏南宗再受袭封之始。次年，诏北宗六十二世孙孔闻礼为翰林院五经博士，后世以衍圣公次子为之，故后世对孔氏南宗以衍圣公次子视之。孔彦绳的袭封，是明朝廷对孔氏南宗地位的最终确认。清代为体现朝廷"尊礼先师""崇儒重道"之意，沿袭明制，仍封孔氏南宗嫡长裔孙为世袭翰林院五经博士。明清两代，自孔彦绳之后，孔氏南宗先后袭封了十五世翰林院五经博士。

一、要素分解

（一）物质要素

1. 失去爵位的孔氏南宗，积极参与官方教育、推动江南书院建设与发展

孔子五十三世孙中，孔洙被元世祖授以国子祭酒兼提举浙东学校，孔涛曾任宁国路儒学录、溧阳州儒学教授，孔涓、孔瀛、孔洵、孔源、孔灏分别任建德路学正、昌国州学正、江浙等处儒学副提举、常山县儒学、宁国路学正。孔演于大德间任柯山书院山长，孔思俊在福建创办大同书院，孔克英任丹阳书院山长，孔克安、孔克原、孔克谦等分别出任白水

书院、屏山书院和祁庵书院山长等，此外还出资创建和经营书院，其中以贤溪书院和万松书院为典型。孔氏南宗为当地的教育文化发展作出了突出贡献。

2. 沈杰奏请复爵

明弘治十八年（1505），衢州知府沈杰上书朝廷，请授南宗嫡长裔孙彦绳为官的同时，"又言其先世祭田，洪武初，轻则起科，后改征重税，请仍改轻，以供祀费"。正德元年（1506），明武宗授孔彦绳为世袭翰林院五经博士，并减其祭田之税。

3. 孔彦绳

孔子五十九世孙，字朝武，孔公诚之子。明弘治十八年（1505），衢州知府沈杰奏请朝廷，请依宋儒朱熹嫡孙梴事例，授南宗嫡长孙孔彦绳官爵。正德元年（1506），明武宗诏孔子五十九世孙、孔洙六世孙孔彦绳为将仕郎，世袭翰林院五经博士，子孙世袭，并减其祭田之税，是为孔氏南宗再次受袭封之始。

（二）精神要素

"尊礼先师""崇儒重道"的思想

元至元十九年（1282），孔洙将"衍圣公"的爵位让于曲阜宗弟孔治。直到明正德元年（1506），封孔子五十九世孙、孔洙六世孙孔彦绳为翰林院五经博士，子孙世袭。孔彦绳的袭封，是官方对孔氏南宗地位的最终确认，体现了"尊礼先师""崇儒重道"之意。

二、核心基因提取与评价

基于对材料的全面、深入分析,得出沈杰倡议复爵的核心基因:"'尊礼先师''崇儒重道'的思想"。

沈杰倡议复爵核心文化基因评价依据

评价项目	评价因子	评价依据(特点)	是否
生命力评价	文化基因存续的时间	自出现起延续至今,未曾明显中断	√
		自出现起延续至今,但多次衰微、中断后复兴	
		曾明显衰败,改革开放后开始复活复兴或历史溯源关键环节缺失,难以考证	
		文化形态主体已灭失,现存部分痕迹	
	文化基因的稳定性	在发展过程中保持相当稳定的状态	√
		在发展过程中存在明显的精神内涵、表现形式剧变	
凝聚力评价	文化基因的凝聚力及社会动员效果	曾广泛凝聚起区域群体的力量,显著推动过社会经济文化的发展	√
		曾部分凝聚起区域群体力量,对社会经济文化的发展产生过影响	
		凝聚过力量,创造过实际的发展动能,但未见对社会经济文化发展产生显著改变	
		仅在历史文献或口耳相传中存在,未见实际介入社会经济发展	

续表

评价项目	评价因子	评价依据（特点）	是否
影响力评价	辐射的范围	具有全国性、世界性的影响力	√
		具有长三角区域、浙江省影响力	
		具有市县、乡镇影响力	
	提炼的高度	已经被古代文人士大夫和当代学者提炼为精神符号和理念理论	√
		单纯的样式、造型、工艺技术规范	
发展力评价	与当代精神追求和价值观念的契合	传统文化基因得到创造性转化、创新性发展；区域革命文化基因被完整继承、广泛弘扬；区域社会主义先进文化基因成为与浙江"三个地"相适应的文化高地	√
		部分转化、部分弘扬、部分发展	
		难以转化、难以弘扬、难以发展	

说明：基因特点评价是对解码出来的基因，根据本《导则》表2的要求，围绕"四个力"逐一对表打"√"，进行定性表述。

（一）生命力评价

"尊礼先师""崇儒重道"是儒家思想的重要组成部分，千百年来为广大民众所推崇，在儒家思想为主的社会中有着强大的生命力。

（二）凝聚力评价

"尊礼先师""崇儒重道"是中华民族优秀传统文化之一，对国家和民族而言具有强大的凝聚力。孔氏南宗在强化浙西南地区国家认同、促进社会和谐及宗族形态发展方面具有重要作用。作为具有象征意义的文化符号，为儒家文化在南方的广泛传播以及南北文化融合作出了积极贡献。孔氏南宗在坚持自身特征的同时，主动适应地域文化，顺应时代变迁，从一个侧面折射出儒家思想在南方地区的演进历程。

（三）影响力评价

"尊礼先师""崇儒重道"是"天下第一家"的孔氏家族所推崇和身体力行的思想，其影响力自然是强大的。

（四）发展力评价

"尊礼先师""崇儒重道"的思想与当下社会主义核心价值观相吻合，与当下重视传统文化的梳理和挖掘、提升国人的文化自信理念高度吻合，同时利用当前民众关心的热点事件开发相关影视题材作品，如电影、电视剧、舞台剧、戏剧演出等。弘扬优秀传统文化的同时带来良好的社会效益和经济效益，具备很好的创造性转化、创新性发展前景。

三、核心基因保存

"'尊礼先师''崇儒重道'的思想"作为"沈杰倡议复爵"的核心基因,文字资料保存于明代杨士奇《鲁林怀思图诗后序》、《元史·世祖本纪九》等文献中。

孔氏家规

南孔文化　南孔文化基因

孔氏家规

现存孔氏南宗《钦定孔氏家规》，共计七条，是明正德元年（1506）衢州知府沈杰制定，并上奏朝廷钦准刊行。

第一条：遵制典。要求孔氏南宗子孙严守本分，遵崇制典，不得觊觎北宗衍圣公之职。为恐后世南北两派子孙"互相嫌隙，妄起争端"，因此严立规诫，"行令在衢子孙永遵制典，恪守祖风"，"有违者，以不忠不孝之论，置之重典，永不叙录"。

元代孔洙让爵，使孔氏南宗失去大宗地位，罢封达224年之久。虽然明武宗封赐南宗嫡长裔孙世袭翰林院五经博士一职，但官秩仅正八品，与明代正二品的衍圣公地位相差太远。知府沈杰从维护统治、维护家族稳定出发，为孔氏南宗制定了这一条家规，目的就是避免"妄起争端"，以免造成混乱。

第二条：端教源。一方面对世袭翰林院五经博士提出要求，"家庙主典，事无巨细，悉以主之"，"必须修明圣教，身先督率，躬行实践"，"不得倚官欺凌子姓"。另一方面也对翰林院五经博士的权力作出规定，"若子姓倚众恃长欺凌博士，即以悖旨灭祖论"，允许博士移文浙江巡按监察御史，"径自提问发落"。

孔氏南宗家庙是祭祀至圣先师孔子之地，主理好家庙，也就端正了教化的源头，体现朝廷"崇儒重道"之意。对于翰林院五经博士来说,其主要职权就是"主典家庙"。为了更好地行使其权力,对于敢欺凌翰林院五经博士之人,以违背圣旨欺师灭祖论罪,从而保证了世袭翰林院五经博士的宗子地位。

第三条:示劝惩。对于家规的权威性作出规定,"敢有子孙奸顽不守家规……不公不法,轻则以从博士家规",给予翰林院五经博士以教戒子姓的特权,"重则移明官府,律法断问,削除家谱姓名,生不许沾朝廷恩惠免差入庙,死不许归葬圣公坟墓"。孔氏南宗族人最大的特权就在于免差特权,而一旦在家谱上除名,不许入家庙,死后也不许归葬家族坟地,不承认其为"至圣苗裔",也就失去了免差等种种特权。家规中规定凡"结交恶党,三五成群,赌钱饮酒,为非为恶,生事害人,行凶撒泼,倚强欺弱,教唆词讼,败伦伤化"等,均在禁止之列。

第四条:防冒姓。由于孔氏族人的免差特权,使得一些异姓之人冒姓孔氏,以图逃避差徭。为使"冒姓隐差之弊可革,而游惰之民自可无",对冒姓者,"许本族邻里首告",将"冒籍之人,治以重罪","知而不举者,

一体连坐"。

其实即使是姓孔的,也未必一定是圣裔。山东曲阜就有内孔、外孔之分。内孔是中兴祖孔仁玉的后代,是真正的圣裔,而外孔则是五代时林庙洒扫户的后代,与内孔六十户族人世为仇敌。虽经编入曲阜民籍,但外孔多因年代久远而难以稽考,以冒入流寓而鱼目混珠。

第五条:严诡寄。即严禁将"他人田产冒作孔氏己业",以"隐避差徭"。如有"诡寄","许子孙自相觉举,邻里首告,追究作弊之人,依律治罪"。为防止"诡寄",要求孔氏各户买卖田地"随时明告到官,总候造册之年查对"。

第六条:守祀田。严禁子孙盗卖祭田。同时还有有关"恤族"的规定:"岁收祀田租,别立一义仓",责令翰林院五经博士,"除每岁祭祀并修庙之外,若有多余籽粒,周济本族贫难无倚子孙",使他们免于"移流失所"。"恤族"也是族权的一项重要内容,这种对族人经济上的有限帮助,有助于缓和宗族内部矛盾,加强族人对宗主的依附关系。

第七条:责报本。规定"南渡孔

氏子孙,每十年一赴阙里,谒拜圣祖家庙,祭扫山林,以展水木本源、时思之敬",目的是"流裔清白,不致泮散分离",显示"我国家一统,文明之化普及南北,而褒崇之恩无遐迩矣"。

孔氏南宗与曲阜北宗联系频繁。明洪武初年,五十四世孙孔思模至阙里拜谒陵庙,会叙宗族。"南还之日,衍圣公孔希学,曲阜令孔克伸,兖州知府卢熊,各以诗赠行。"阙里族人、松江府学教授孔思言无子,以孔思模少子克信为嗣。宣德元年(1426),五十五世孙孔克准,以太常寺丞的身份钦命诣阙里致祭。衍圣公孔彦缙,曲阜世职知县克中,立石纪事。家规的规定只是把这种频繁往来制度化。

一、要素分解

（一）物质要素
《钦定孔氏家规》的制定

明正德元年（1506），《钦定孔氏家规》由衢州知府沈杰制定，并上奏朝廷钦准刊行。在古代，"冒姓"和"诡寄"都是"隐避差徭"的一种手段，这种行为不利于封建国家利益，严重影响到国家财政赋税收益。封建国家与衍圣公府之间争夺民户的斗争一直存在，并成为朝廷的一大困扰。知府沈杰从维护统治出发，并不希望南宗孔府成为第二个衍圣公府，于是制定了相关家规，以希能革其弊。

（二）精神要素
1. 推崇忠孝节义、教导礼仪廉耻的典范

家规者，家族成员言行之准则，是一个家族劝诫成员的条例。孔氏南宗，不管分徙何地，作为一个诗礼传家的庞大家族，自扈跸南渡、落户衢州始，就延续了孔夫子及其后代子孙所制定的统率家族的规范。当然，分徙各地的孔子嫡裔，亦根据自己家族的实际，在延续传统的同时，也增添了不少规则。也正因为有了孔氏南宗所制定的家规祠规，才保证了近千年来以衍圣弘道为己任的孔氏南宗的健康繁衍，是推崇忠孝节义、教导

礼仪廉耻儒家思想的典范。

2. 保持中华儒学文脉正统、孔氏族裔血脉正统的需要

孔氏家族素有"天下第一家"之称，孔子作为伟大的思想家，他创立的儒家学派对后世中国以及整个东方文化产生了巨大影响。孔子族人传承2500多年，至今已繁衍八十二代，全世界族人已达300多万人。孔氏家规是保持其血脉正统的需要，正因为有这种严谨的传承和发扬，孔氏家族才能有今日的影响力。

（三）制度要素

1. 以家规的形式，规范族人的言行，并世代相传

孔氏南宗这七条家规，从内容上说虽简单，却是纲领性的孔氏南宗族规。清代南宗孔府仍沿用之，而且颁布至各地南宗支派遵照执行。在南宗孔氏族人中世代相传，沿用至今。

2. 我国家族文化的重要表现形式

古代大家族都有自己的家规，家规是一个宗族文化的重要表现形式，用以规范族人的品行、保持优良的家风和家族优良传统。

（四）语言和象征符号

家规

家规，指家庭所规定的行为规范，通常是由一个家族所传承下来的教育规范后代子孙的行为准则，也叫家训。古代的家庭，既是一个生活单位，也是一个生产单位和教育单位。古人十分重视齐家和治国的关系，把教育子女看成是父母的重要责任，养子必教，养子不教不仅危害自身，也危害他人，更危害国家。

二、核心基因提取与评价

基于对材料的全面、深入分析,得出孔氏家规的核心基因:"推崇忠孝节义、教导礼仪廉耻的典范""保持中华儒学文脉正统、孔氏族裔血脉正统的需要""我国家族文化的重要表现形式"。

孔氏家规核心文化基因评价依据

评价项目	评价因子	评价依据(特点)	是否
生命力评价	文化基因存续的时间	自出现起延续至今,未曾明显中断	√
		自出现起延续至今,但多次衰微、中断后复兴	
		曾明显衰败,改革开放后开始复活复兴或历史溯源关键环节缺失,难以考证	
		文化形态主体已灭失,现存部分痕迹	
	文化基因的稳定性	在发展过程中保持相当稳定的状态	√
		在发展过程中存在明显的精神内涵、表现形式剧变	
凝聚力评价	文化基因的凝聚力及社会动员效果	曾广泛凝聚起区域群体的力量,显著推动过社会经济文化的发展	√
		曾部分凝聚起区域群体力量,对社会经济文化的发展产生过影响	
		凝聚过力量,创造过实际的发展动能,但未见对社会经济文化发展产生显著改变	
		仅在历史文献或口耳相传中存在,未见实际介入社会经济发展	

续表

评价项目	评价因子	评价依据（特点）	是否
影响力评价	辐射的范围	具有全国性、世界性的影响力	√
		具有长三角区域、浙江省影响力	
		具有市县、乡镇影响力	
	提炼的高度	已经被古代文人士大夫和当代学者提炼为精神符号和理念理论	√
		单纯的样式、造型、工艺技术规范	
发展力评价	与当代精神追求和价值观念的契合	传统文化基因得到创造性转化、创新性发展；区域革命文化基因被完整继承、广泛弘扬；区域社会主义先进文化基因成为与浙江"三个地"相适应的文化高地	√
		部分转化、部分弘扬、部分发展	
		难以转化、难以弘扬、难以发展	

说明：基因特点评价是对解码出来的基因，根据本《导则》表2的要求，围绕"四个力"逐一对表打"√"，进行定性表述

（一）生命力评价

"推崇忠孝节义、教导礼仪廉耻的典范""保持中华儒学文脉正统、孔氏族裔血脉正统的需要""我国家族文化的重要表现形式"作为孔氏家规的核心基因，自明代沈杰制定这一家规以来，已历经几百年的岁月，在延续传统的同时，也增添了不少规则。伴随着孔氏南宗家族传播传统儒家思想，泽被后人。生命力强大。

（二）凝聚力评价

孔氏家规是统率作为一个诗礼传家庞大家族的标准，是对族人言行举止的规范，是族人的为人准则，是规范和凝聚氏族团结的纲领，其核心基因在氏族中具有强大的凝聚力。

（三）影响力评价

孔氏家族素有"天下第一家"之称，孔子作为伟大的思想家，他创立的儒家学派对后世中国以及整个东方文化产生了巨大影响。正是因为有家规这种严谨的传承和发扬，孔氏家族才能有今日的影响力。

（四）发展力评价

孔氏家规的核心基因在当代社会背景下，与国家倡导传承良好的家风家训相吻合。家风是一个家族代代相传沿袭下来的体现家族成员精神风貌、道德品质、审美格调和整体气质的家族文化风格。"天下之本在国，国之本在家，家之本在身。"家训是指家庭对子孙立身处世、持家治业的教诲。家训是家庭的重要组成部分，对个人的教养、原则都有着重要的约束作用。家训，是家中长辈操心后代成长的"训诫教诲"，他们以毕生之经验，指导晚辈少走弯路。家训蕴含着中国家庭教育的精粹，字里行间洋溢着温暖的亲情，给当下家长和孩子一种强烈的感染，对保护和宣传中华优秀传统文化有着现实指导意义。

三、核心基因保存

"推崇忠孝节义、教导礼仪廉耻的典范""保持中华儒学文脉正统、孔氏族裔血脉正统的需要""我国家族文化的重要表现形式"作为"孔氏家规"的核心基因,文字资料保存于崔铭先《孔氏南宗志》等文献中,实物材料保存于衢州孔氏南宗家庙。

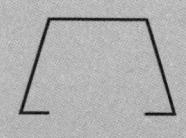

孔氏家塾

南孔文化　南孔文化基因

孔氏家塾

南宗家塾，萌芽于南宋初年的"私学"，发端于南宋后期的"思鲁堂"，兴盛于明清时期的家塾及书院，发展于清末民初的近代学校。其特点为从封建府第走向社会，训导孔氏裔孙，致力平民教育。

南宋建炎三年（1129），衍圣公孔端友偕从父孔传诣阙上疏，因功赐家衢州。孔传旋赴知抚州，孔端友亦于诸事甫定后前往湖南郴州任所。绍兴二年（1132），孔端友病逝，孔玠袭爵，孔传即于绍兴四年（1134）致仕返衢，继承先祖事业。鉴于南迁寓衢的大宗及近支丁口殊少，孔传利用"权以家庙寓学官"

的条件，家居时授徒千人，是为孔氏南宗家塾之萌芽。

南宋末年，孔氏南宗子孙繁衍，即在鼎建于城北菱湖的家庙中，仿曲阜家庙之学屋，在其"后为堂曰'思鲁'"。这在曲阜是追念孔子教导孔鲤学诗学礼的地方，在衢州则"俾之合族讲学，且以志不忘阙里之旧也"。此诚属形成中的孔氏南宗家塾之始。

明弘治元年（1488），同知萧显修拓移建城南的崇文坊家庙。家塾设于殿前西厢，专训孔氏衢州派大支裔孙。正德十五年（1520），家庙迁建城东先义坊今址，博士孔承美"乃即城南东岳废址改建孔氏家塾"。嘉靖年间，江右王门邹守益为之撰记。其塾为门者三，为正堂者三。为东序者三，以迪成材；为西序者三，以训幼稚。东西为号舍者十，为照厅者六。临街为市屋者六，征其租以备修葺，复置田以缮其终。其塾"敦请有行谊者以司教诲，而躬临考阅时给笔札以示劝"。南宗家塾因而盛极一时，以至莅临家塾的名儒"恍然若游洙泗、聆丝竹也"。至明末清初，渐次衰废。

清咸丰二年（1852），旧塾久废，金衢严道道台刘成万捐金60、钱60千文于家庙东斋设立承启家塾，"延师训迪，以诱掖后进"。县邑廪生王炳煊遵从其父显钊之志，"捐田二十一亩，计租三十担，以资脩脯之用"。咸丰年间，由于战乱，"庙塾木材，俱成薪爨"。

同治初年，浙江巡抚左宗棠带头捐俸银700两，所属浙、赣两省大小官员纷纷响应，共捐银1480两，银洋980圆，署衢州府冯誉骢劝捐100余两，钱100千文，用以赎回衢州翰林院五经博士濠田，修缮家庙，并复置承启家塾义田。署衢州府刘汝璆请准巡抚左宗棠同意，以金华府浦江县平粜米助入家塾。后任知府陈鲁遵购田亩，又耗钱1500串。至同治五年（1866）止，连前田地、山塘、学田，总税达两顷八十五亩多。同治八年（1869），金衢严道道台如山禀请拨钱3000串，"以作家塾宾兴之资"，又计续置家塾田、地、塘税一百一十七亩，宾兴田地塘税七十九亩。光绪二十年（1894），浙江学政徐致祥捐廉千元以资膏火。光绪、宣统时，衢州府衙均拨银圆若干，以补充家塾经费。

清代，孔氏家塾学田主要来源于士绅官吏的捐献及官方的拨款资助，至清末田产总计达四顷八十一亩多。家塾义田的设立是与孔氏南宗的家塾教育密不可分的。

清末，孔氏南宗有多人出国留学。光绪三十二年（1906），七十一世孙孔昭仁与同县刘泰钦膺选出国。当时衢州留学出国者甚少，他们"剪发易服，开风气之先"。孔昭仁毕业于日本早稻田大学博物科。还有七十二世孙孔宪荄，早稻田师范学校毕业，学习警察科。大成至圣先师南宗奉祀官孔繁豪早年也是日本早稻田大学师范科毕业。

近代，孔氏南宗家塾的演进与近代教育的兴起、发展同步。光绪二十九年（1903）春，停科举，翰林院五经博士孔庆仪"慨旧学之不足，力与维新"，将承启家塾改建为孔氏中学堂。"其经费由西安县留备谷价及串票项下，每岁拨给洋九百数十元，又于本祠向充孔氏义塾宾兴项内，提抽洋二百数十元，合计每岁一千二三百元，一切需用均在其内。"宣统二年（1910），孔庆仪与族祖孔昭睃、孔昭㬢将其改为两等小学堂。民国初年，改称"孔氏完全小学校"。民国二十六年（1937），南宗奉祀官孔繁豪始改为"衢县尼山小学"，从此走向社会，收授孔氏裔孙、邑人学童。民国三十二年（1943），孔繁豪以学校经费入不敷出，设立校董会主持校方，专署秘书周力山，邑人何敏章、戴明允先后出任校董会主席；又将家庙在龙游的田产悉数拨入为小学基金，并呈准专署饬令衢、龙二县协助。至民国三十四年（1945），全校扩大到12个班级，学生600余人，其中孔姓学生不足10%，与一般公立小学无异，成绩为衢县公、私立小学之首。次年，衢州绥靖公署借驻校舍，尼山小学即借弥陀寺天主教堂侧屋等处教读。其时，为鼓励南宗后裔入学，家塾除对学生实行免费并供应中餐外，还每年从孔庙田租中拨出300银圆专款，以津贴大中学生，其比例为大学生三分之二，中学生三分之一。改为尼山小学后，仍给予孔姓学生免收学杂费、书簿费和敬师米等优待。

新中国成立以后，尼山小学于1950年改名衢县人民小学，校舍迁至马站底今址。1992年，复名尼山小学，以弘扬传统文化。[①]

[①] 张宏敏：《南孔文化的内涵及其基本精神》，《国际儒学（中英文）》2023年第4期，第16—17页。

一、要素分解

（一）物质要素

1. 历代官民的经济资助

自南宋建炎三年（1129）以来至近代，官方的拨款资助、士绅官吏的捐献等，让孔氏南宗家塾随时代变迁而不断演进和发展。

2. 尼山小学

衢州市尼山小学是1852年由孔子后裔创办的百年古校。学校取名"尼山"，即取孔子之字"仲尼"和名"丘"之意而得。尼山小学位于市区上街东侧30米处，环境幽雅，交通便利。学校有一支高素质的师资队伍。近两年学校承担多个国家、省、市级课题，教师发表和获奖论文数十篇，被评为柯城区教育科研先进集体。在上级领导的关怀下，学校办学规模不断扩大，教学设施不断更新，有校园音响系统、闭路电视系统及计算机房、语音房、舞蹈房、健身房、多媒体教室、塑胶跑道等。

（二）精神要素

1."平民教育"的理念

为更好地发挥文化资源上的优势，南宗士人积极介入官方教育，在官方教育与管理方面发挥了独特作用。在参与庙学方面，因绍兴六年（1136）"诏权以衢州学为家庙"，使南宗族人以独特身份实现了庙学与州学的结合，从而开启了孔氏南宗族学教育走向社会、走向民间开放的大门。再如，孔莘夫"监南岳庙，兼庙学教谕"，"凡南渡庙学皆其所请"。由此可知，孔氏南宗族人不仅广泛参与庙学，而且以积极的姿态投入其中，推动教育平民化进程。

2. 崇儒重道的文教精神

作为南渡之初的孔氏族人，为了国家的复兴及自身的生存发展，在各方面都积极有为。作为宣圣后裔，以孔传为代表的南宗人士深深感到，发展教育不仅仅是他们的优秀传统，更是他们必须承担的重大的社会责任，因而将其视作立身之本。因此，他们一方面自觉传承和创新孔子的重教思想，另一方面致力于教育实践，成效卓著。在南宗士人的著述中，不乏与教育相关且具重要影响的著作，如他们刊刻了大量著作，其中很多著作阐发了重教思想，如孔元龙任柯山书院山长期间所编的《柯山论语讲义》，孔元龙、孔从龙合辑的《洙泗言学》"使学者知所以为学"，并认为"孝弟以立本，巧令之鲜仁，非学乎。学在是，仁亦在是。知乎此，而后为善读《论语》"。孔氏南宗族人的重教实践集中表现在积极从事官学、私学等教育事业方面，具体有以下形式：家居授徒、合族讲学、介入庙学、参与教育管理，或讲学于书院。在教育管理方面，南宗族人通过担任江南各地教谕、教授等途径直接参与官学的教学活动与管理事项，如孔应达任江苏金坛教谕，迁润州学正，孔廉见任湖北嘉鱼教谕，孔援任福建兴国州教授，孔应得历任绍兴、临安府教授，国子监丞。

作为先圣后裔的孔氏南宗士人，无论身居何职，重视教育、积极从事教育实践一直是其优良传统。

3. 开放包容的进取精神

清光绪二十九年（1903）废科举，南孔七十三世孙、翰林院五经博士孔庆仪"慨旧学之不足，力与维新"，遂把孔氏南宗的"承启家塾"改建为"孔氏中学堂"；宣统二年（1910），又易名为"两等小学堂"；民国初年，改称为"孔氏完全小学校"。缘此，孔庆仪被后人赞誉为一位"得风气之先"的新派人物。1937年，南宗奉祀官孔繁豪则顺应当时的教育改革，把"孔氏完全小学校"改建成"衢县尼山小学"。至此，南宗孔氏家族教育走向社会。1950年，校址搬迁，易名"衢县人民小学"；1992年，又复名"尼山小学"。孔氏南宗家塾在近代以来的数次易名，及其由私塾家学演变成为公办学校的过程，完全可以视作一种"开放包容"的进取精神。

（三）制度要素
孔氏南宗族人世代家族传承

孔子曰："不学诗，无以言"，"不学礼，无以立"。遵照圣祖的教诲，孔氏南宗自南渡之后，依然沿袭了"诗礼传家"的传统，对后代的教育十分重视。故而，不管他们落脚何处、侨寓何地，都十分重视对下一代的教育培养。建家塾、立书院，或延请儒学大家执教，或由家族长者授课，他们从不马虎懈怠，正如孔氏南宗府后花园大中堂之楹联所说："立修齐志；读圣贤书。"这成了孔氏南宗各支派共同遵守的金科玉律。

（四）语言和象征符号
家塾

塾师在自己家里或借用祠堂庙宇开馆设学，学生交纳一定"束脩"入学就读的称"家塾"，也称"门馆"。私塾分三个种类：一是"家塾"；二是"村塾"，也称"族塾"；三是"坐馆"，也称"教馆"。

二、核心基因提取与评价

基于对材料的全面、深入分析，得出孔氏家塾的核心基因："'平民教育'的理念""崇儒重道的文教精神"。

孔氏家塾核心文化基因评价依据

评价项目	评价因子	评价依据（特点）	是否
生命力评价	文化基因存续的时间	自出现起延续至今，未曾明显中断	√
		自出现起延续至今，但多次衰微、中断后复兴	
		曾明显衰败，改革开放后开始复活复兴或历史溯源关键环节缺失，难以考证	
		文化形态主体已灭失，现存部分痕迹	
	文化基因的稳定性	在发展过程中保持相当稳定的状态	√
		在发展过程中存在明显的精神内涵、表现形式剧变	
凝聚力评价	文化基因的凝聚力及社会动员效果	曾广泛凝聚起区域群体的力量，显著推动过社会经济文化的发展	√
		曾部分凝聚起区域群体力量，对社会经济文化的发展产生过影响	
		凝聚过力量，创造过实际的发展动能，但未见对社会经济文化发展产生显著改变	
		仅在历史文献或口耳相传中存在，未见实际介入社会经济发展	

续表

评价项目	评价因子	评价依据（特点）	是否
影响力评价	辐射的范围	具有全国性、世界性的影响力	√
		具有长三角区域、浙江省影响力	
		具有市县、乡镇影响力	
	提炼的高度	已经被古代文人士大夫和当代学者提炼为精神符号和理念理论	√
		单纯的样式、造型、工艺技术规范	
发展力评价	与当代精神追求和价值观念的契合	传统文化基因得到创造性转化、创新性发展；区域革命文化基因被完整继承、广泛弘扬；区域社会主义先进文化基因成为与浙江"三个地"相适应的文化高地	√
		部分转化、部分弘扬、部分发展	
		难以转化、难以弘扬、难以发展	

说明：基因特点评价是对解码出来的基因，根据本《导则》表2的要求，围绕"四个力"逐一对表打"√"，进行定性表述

（一）生命力评价

"'平民教育'的理念""崇儒重道的文教精神"作为孔氏家塾的核心基因，生命力强大。孔氏南迁带来的"平民教育"的理念、崇儒重道的文教精神不仅加快了南方思想文化发展的进程，而且大大促进了当地教育和经济的发展。浙江的成功，长三角的成功，一个重要启示就是，儒家文化到了南方衢州以后有了重大发展与突破，并在与经济结合中展现出更为强大、更为恢宏的生命力。

（二）凝聚力评价

孔氏家塾的核心基因，是孔氏南宗文化的重要组成部分，于南渡之初就在江南地区显示出强大的文化优势，给南方带来了先进的教育理念和崇儒重道的文教精神，大大促进了南方家

塾、书院的发展,为当地培养了大批有学识、有抱负的青年才俊。凝聚力强大且深远。

开了平民教育之先河,对提高全民素质和文化的传承发展,其意义是巨大的。影响力深远。

(三)影响力评价

孔氏南宗在"礼崩乐坏""学在官府"的时代,毅然兴办私学,规模之大、时间之长、组织之完备,有力地推动了"学术下移"的发展,其"有教无类",扩大了教育对象的范围,

(四)发展力评价

孔氏家塾的核心基因,与当下重视国学教育、培养大众的民族文化自信高度吻合,对提高基础教育的水平、学习中华优秀文化的传统、培养民众的文化自信有着重要意义。发展力强大。

三、核心基因保存

"'平民教育'的理念""崇儒重道的文教精神"作为"孔氏家塾"的核心基因,文字资料保存于《衢州孔氏南宗家庙》《孔氏南宗研究》《南孔研究》等文献中,实物材料保存于衢州孔氏南宗家庙。

孔氏南宗世爵与世职

南孔文化　南孔文化基因

孔氏南宗世爵与世职

孔氏南宗从宋代开始世爵与世职为：衍圣公、翰林院五经博士、奉祀官、南宗奉祀官、大成至圣先师南宗奉祀官。

宋代衍圣公，其品级未见于史载，虽贵为公爵，实为虚衔，是对孔子嫡长裔孙的一种恩赐，不在百官班列之内。

建炎二年（1128），宋高宗移行宫到扬州，诏宣孔子四十八世孙衍圣公孔端友及其从父孔传率领孔子后裔到扬州举行郊祀。秋，金兵进逼，宋高宗率王室从归德渡江南下。衍圣公孔端友及从父孔传，率部分族人奉孔子和亓官夫人楷木像跟随王室南渡。

建炎三年（1129）春，宋高宗建都临安（今浙江杭州），衍圣公孔端友偕从父孔传诣阙上疏，因功赐家衢州。孔传旋赴知抚州。

绍兴二年（1132），衍圣公孔端友赴任郴州知州，到任后病逝。其子孔玠，字锡老，袭封衍圣公。

绍兴二十四年（1154），孔子五十世孙孔搢，字季绅，袭封衍圣公。

绍熙四年（1193），孔子五十一世孙孔文远，字绍先，袭封衍圣公。

宝庆二年（1226），孔子五十二世孙孔万春，字耆年，袭封衍圣公。

淳祐元年（1241），孔子五十三世孙孔洙，字思鲁，袭封衍圣公。

元至元十九年（1282），元世祖诏见南宗五十三世孙衍圣公孔洙，欲令其载爵去曲阜主奉祀事，孔洙念先祖庙墓在衢州，不忍离去，毅然将爵位让予曲阜族弟孔治。正宗罢封自此开始。

明弘治十八年（1505），衢州知府沈杰奏请朝廷封爵孔端友嫡孙，以主奉祀。正德元年（1506），朝廷授孔子五十九世孙孔彦绳为第一代翰林院五经博士，主持南宗家庙奉祀事，并钦定子孙世袭，孔氏优免之例得以延续。是为孔氏南宗在失去爵位224年之后，再受袭封之始。从此，北宗孔氏为世袭衍圣公，南宗孔氏为世袭翰林院五经博士。

正德十四年（1519），孔彦绳之子孔承美，袭封为第二代翰林院五经博士。袭职后誓以振兴孔氏南宗为己任，去曲阜谒祭先祖，会叙宗亲族谊，加强南北二宗的联系。

嘉靖二十六年（1547），孔子六十一世孙孔弘章，字以达，袭封翰林院五经博士。

万历五年（1577），孔子六十二世孙孔闻音，字知政，袭封翰林院五经博士。

万历四十三年（1615），孔子六十三世孙孔贞运，字用行，袭封翰林院五经博士。

清代沿用明制，顺治九年（1652），孔子六十五世孙孔衍桢，字泗柯，承袭翰林院五经博士，并赐准南宗五经博士舆导由皂盖改换为黄盖，以示特殊。又允许五经博士每隔三年可以朝见皇帝，恭贺"万寿节"。从此，开创南宗进京朝见帝王的典仪，直到清朝灭亡。

康熙四十一年（1702），孔子六十六世孙孔兴燫，字北衢，袭封翰林院五经博士。寓居杭州，死后葬杭州万松岭方家峪。

康熙五十三年（1714），孔子六十七世孙孔毓垣，字东安，袭封翰林院五经博士。

雍正十三年（1735），孔子六十八世孙孔传锦，字宫锡，袭封翰林院五经博士。

嘉庆元年（1796），孔子七十世孙孔广杓，字衡观，袭封翰林院五经博士。

嘉庆二十四年（1819），孔子七十

一世孙孔昭烜，字亘青，袭封翰林院五经博士。

道光十四年（1834），孔子七十二世孙孔宪坤，字静一，袭封翰林院五经博士。

同治三年（1864），孔子七十三世孙孔庆仪，字寿锓，袭封翰林院五经博士。庆仪于乡邦文教，颇有新革。

宣统元年（1909），翰林院五经博士孔庆仪入觐，钦加国子监祭酒衔，从四品。

1919年，北洋政府颁布《崇圣典例》，改南宗翰林院五经博士为奉祀官。

1924年，孔子七十四世孙孔繁豪，字孟雄，承袭，改称南宗奉祀官。

1935年，南京政府下令废除爵位，改封南宗宗子为"大成至圣先师南宗奉祀官"。

1947年，孔子七十五世孙孔祥楷，字子摹，被南京国民政府委任为奉祀官，时年9岁，为孔氏南宗最后一代奉祀官。

一、要素分解

（一）物质要素

历代孔氏南宗世职世爵关防大印

乾隆十三年（1748）四月，朝廷颁发给衢州孔府的世职官印为"世袭翰林院五经博士孔关防"；乾隆五十年（1785）正月，朝廷颁发给衢州孔府世职官印为"衢州孔氏世袭翰林院五经博士之钤记"；中华民国时期，颁发给衢州孔府世职官印为"大成至圣先师南宗奉祀官关防"。

（二）精神要素

1.历代政府主动保护中华民族优秀文化的典范

建炎二年（1128），宋高宗移行宫到扬州，诏宣孔子四十八世孙衍圣公孔端友及其从父孔传率领孔子后裔到扬州举行郊祀。秋，金兵进逼，宋高宗率王室从归德渡江南下。衍圣公孔端友及从父孔传，率部分族人奉孔子和亓官夫人楷木像跟随王室南渡。

宝祐元年（1253），衢州知州孙子秀奏请朝廷新建孔氏家庙。理宗拨款36万缗，诏建家庙于郡东北菱湖芙蓉堤，其制"略同于曲阜"，广至"二百二十有五楹"，有玄圣殿、郓国夫人殿、齐国公殿、鲁国太夫人殿，祠祀沂水、泗水二侯于两庑之中，还有思鲁堂和咏春亭等特色建筑。

至正十九年（1359），朱元璋率兵攻克衢州，命总制衢州军民事王恺修葺南宗家庙。

永乐五年（1407），礼部尚书胡濙过衢，命有司修葺城南家庙。

弘治初年，吏部郎中周木出使四川过衢，嘱同知萧显修拓家庙。此时适逢衢州知府张俊到任，相与协力拓建。城南家庙因此备具规模。建家塾于殿前西厢，专训孔氏衢州派裔孙。

正德十五年（1520），因家庙朽坏不堪，应孔承美请求，巡按御史唐凤仪、布政使何天衢等请于朝，拨下巨款，将孔庙移建于先义坊西安县学宫旧址（即今址），次年落成，保留宋敕建家庙形貌，并建有孔府，占地约7000平方米。

万历十二年至十六年间（1584—1588），知府廖希元对孔氏家庙进行维修。

康熙五十九年（1720），浙江巡抚朱轼增拨拱辰门外濠田三十亩，以供祀事。逾年，又续给三十亩。

雍正四年（1726），清世宗手书"生民未有"匾额。

雍正八年（1730），朝廷拨款修建家庙。

乾隆三年（1738），清高宗手书"与天地参"匾额。

乾隆五十年（1785），清高宗首次举行临雍大典，翰林院五经博士孔传锦率数名南宗族人参加。礼成，传锦加一级，由文林郎晋阶奉政大夫。此后嘉庆、道光、咸丰各朝临雍大典，孔氏南宗均派员参加，赏赉如例。

嘉庆三年（1798），清仁宗手书"圣集大成"匾额。

道光元年（1821），衢州知府周镐、继任谭瑞东先后倡捐集资修筑家庙。全城官佐及五县士民皆踊跃捐银、米、木料、砖瓦等。其中左营守备刘龙标，捐巨额资金，又从深山购来20余株千年大木，花费三年时间，将家庙拓建一新，把思鲁阁从大成殿后面移于西北隅，并将大成殿增高五尺，部分楹柱改木为石。崇圣祠以下，尽皆拓新，建成今日之全貌。是年，清宣宗手书"圣协时中"匾额。

咸丰二年（1852），分巡金衢严道刘成万修拓家塾，并易名承启家塾，其址在今庙东轴线南部。是年，清文宗手书"德齐帱载"匾额。

同治三年（1864），驻衢闽浙总督左宗棠捐银700两修建家庙，府县两级也出资修建，并赎回濠田。是年，清穆宗手书"圣神天纵"匾额。

同治八年（1869），浙江学政徐树铭奏将龙游荒田约两千亩，拨入衢州孔庙，作为祀产。

同治九年（1870）、十一年（1872），龙游龙永安、龙秋元、龙向义等户名下荒田被拨入衢县翰林院五经博士孔氏户，计田一千六百二十二亩一分二厘，地二亩五分五厘，山十五亩四分五厘，塘六亩四分六厘，充族中赈济及拨补家塾经费。

光绪七年（1881），清德宗手书"斯文在兹"匾额。

光绪二十二年（1896），浙江学政徐致祥主持修葺家庙，并改建博士署。

1917年，北洋政府大总统黎元洪手书"道洽大同"匾额。

1940年，电令孔繁豪将圣像送到更偏僻的山区庆元供奉，以不落日寇之手。孔繁豪率领南宗族人，跋山涉水，辗转千里，先后移驻浙南山区龙泉和庆元避难。

2. 南孔后裔主动承担起文化传承人的角色，以弘扬南孔文化为己任的典范

绍兴四年（1134），孔传在抚州任上编成《孔氏六帖》三十卷，著《东家杂记》两卷，刊刻于衢州孔氏家庙。

绍兴年间，孔子四十八世孙孔端朝著《续阙里世系》。

淳祐四年（1244），衢州知州杨伯岩在任上与五十一世孙孔应选等编撰《六帖补》。

宝祐二年（1254），龙图阁学士、礼部尚书赵汝腾撰《南渡家庙记》。

景定年间，孔子五十一世孙孔应得在通判广德军任上编《家谱正误》刊行。

至正十六年（1356），五十四世孙、常山县尹孔思朴重修谱系。

洪武二十一年（1388），五十四世孙、西安县学教谕孔思模持谱归拜林庙，与北宗五十六世孙、衍圣公孔希学等参究碑刻，编序宗次，考订宗谱，回衢后著《东家举要》。

正统十二年（1447），五十六世孙孔希承广搜博访，重修宗谱，镂板刊刻。

光绪三十二年（1906），孔子七十一世孙孔昭仁与同县刘泰钦膺选出国。"剪发易服，开风气之先。"孔昭仁毕业于日本早稻田大学博物科。

1939年，国民政府内政部电令孔繁豪恭护圣像到浙南山区龙泉，并增设留衢主任一员及卫士16名。

1940年，电令孔繁豪将圣像送到更偏僻的山区庆元供奉。

3. 有形的生物基因和无形的文化基因完美结合的产物

孔氏南宗历代世爵与世职的变化是孔氏南宗族人这个有形的生物基因与南孔文化这个无形的文化基因完美结合的产物。

（三）制度要素

孔氏南宗世爵与世职世袭制

孔氏南宗的世爵与世职由孔氏南宗嫡长子孙世袭至今。现任"大成至圣先师南宗奉祀官"为孔祥楷先生。

（四）语言和象征符号

1. 衍圣公

孔子嫡长子孙的世袭封号，始于北宋至和二年（1055），历经宋、金、元、明、清、民国，直至民国二十四年（1935）国民政府改封衍圣公孔德成为大成至圣先师奉祀官为止。

2. 翰林院五经博士

古代专门研究儒家经典著作，并负责讲解的翰林院官，正八品，只能由圣贤先儒后裔世袭，显示是朝廷对圣贤先儒的推崇和旌表。

3. 奉祀官

官名。民国北洋政府改清朝授给"圣贤"后裔的五经博士等官为奉祀官。

二、核心基因提取与评价

基于对材料的全面、深入分析,得出孔氏南宗世爵与世职的核心基因:"历代政府主动保护中华民族优秀文化的典范""南孔后裔主动承担起文化传承人的角色,以弘扬南孔文化为己任的典范""有形的生物基因和无形的文化基因完美结合的产物"。

孔氏南宗世爵与世职核心文化基因评价依据

评价项目	评价因子	评价依据(特点)	是否
生命力评价	文化基因存续的时间	自出现起延续至今,未曾明显中断	√
		自出现起延续至今,但多次衰微、中断后复兴	
		曾明显衰败,改革开放后开始复活复兴或历史溯源关键环节缺失,难以考证	
		文化形态主体已灭失,现存部分痕迹	
	文化基因的稳定性	在发展过程中保持相当稳定的状态	√
		在发展过程中存在明显的精神内涵、表现形式剧变	
凝聚力评价	文化基因的凝聚力及社会动员效果	曾广泛凝聚起区域群体的力量,显著推动过社会经济文化的发展	√
		曾部分凝聚起区域群体力量,对社会经济文化的发展产生过影响	

续表

评价项目	评价因子	评价依据（特点）	是否
凝聚力评价	文化基因的凝聚力及社会动员效果	凝聚过力量，创造过实际的发展动能，但未见对社会经济文化发展产生显著改变	
		仅在历史文献或口耳相传中存在，未见实际介入社会经济发展	
影响力评价	辐射的范围	具有全国性、世界性的影响力	√
		具有长三角区域、浙江省影响力	
		具有市县、乡镇影响力	
	提炼的高度	已经被古代文人士大夫和当代学者提炼为精神符号和理念理论	√
		单纯的样式、造型、工艺技术规范	
发展力评价	与当代精神追求和价值观念的契合	传统文化基因得到创造性转化、创新性发展；区域革命文化基因被完整继承、广泛弘扬；区域社会主义先进文化基因成为与浙江"三个地"相适应的文化高地	√
		部分转化、部分弘扬、部分发展	
		难以转化、难以弘扬、难以发展	

说明：基因特点评价是对解码出来的基因，根据本《导则》表2的要求，围绕"四个力"逐一对表打"√"，进行定性表述

（一）生命力评价

孔氏南宗的世爵与世职已经传承了几百年上千年，南孔文化通过对四周的不断辐射，促进了儒学大范围南渐，致使宋后江南兴起儒学的风气。孔氏南宗文化对衢州，对闽浙赣皖四省甚至整个江南的思想文化、道德伦理、民情风俗乃至政治经济诸多方面都产生了深远的影响，衢州也成为南孔圣地和南孔文化发祥地，成为江南儒学中心。其基因的生命力强大。

（二）凝聚力评价

孔氏南宗是中华民族优秀文化传统的物化象征，自南渡以

来，孔氏族人为儒学在江南的传播和发展起到了关键作用，对衢州当地的文化、教育、经济发展作出了巨大的贡献，具有强大的凝聚力和象征力。

（三）影响力评价

孔氏家族素有"天下第一家"之称，孔子作为伟大的思想家，他创立的儒家学派对后世中国以及整个东方文化产生了巨大影响。正是因为有这种严谨的传承和发扬，孔氏家族才有了今日的影响力。

（四）发展力评价

在当下重视传统文化的社会中，南孔文化作为中华优秀传统文化的重要代表，有其特殊的地位和极其重要的现实意义。发展力强大。

三、核心基因保存

"历代政府主动保护中华民族优秀文化传统的典范""南孔后裔主动承担起文化传承人的角色,以弘扬南孔文化为己任的典范""有形的生物基因和无形的文化基因完美结合的产物"作为"孔氏南宗世爵与世职"的核心基因,文字资料保存于《衢州孔氏南宗家庙》等文献中,实物材料保存于衢州孔氏南宗家庙。

孔子行教像碑

南孔文化 南孔文化基因

孔子行教像碑

孔子行教像碑，由青石制作而成。碑上方篆书"德配天地道冠古今，删述六经垂宪万世"。右下方楷书"扈跸南渡四十七世孙兵部尚书传四十八世袭封衍圣公端友敬立"。孔子刻像为衣冠佩剑，有温而厉、威而不猛、恭而安之态。相传此像为唐代吴道子所绘，由孔端友南渡时携来衢州勒石恭奉。碑阴刻有明正德十五年（1520）家庙建筑示意图，其中轴线上有照壁、头门大成门、甬道及两庑、大成殿、思鲁阁等建筑。此碑成为家庙鼎立、迁建历史的见证。藏于孔氏南宗家庙思鲁阁。

一、要素分解

（一）物质要素

1. "画圣"吴道子所画的"先师孔子行教像"

吴道子为唐代著名画家，世称"画圣"，他曾向张旭、贺知章学习书法，后改学绘画，名震朝野。他的名声为唐玄宗所知，被召入宫廷，任内教博士。宋代大文豪苏轼在其所作的《书吴道子画后》中写道："诗至于杜子美，文至于韩退之，书至于颜鲁公，画至于吴道子，而古今之变，天下之能事毕矣。"杜子美即杜甫，韩退之即韩愈，颜鲁公即颜真卿。在苏轼看来，杜甫、韩愈、颜真卿、吴道子分别在诗、文、书法、绘画领域达到了最高境界。吴道子擅长画人物，苏轼称其"所谓游刃"有"画圣"。吴道子绘画作品众多，而孔子像则是其重要代表作品之一，在历史上影响深远。

2. 青石

衢州当地盛产青石，出于方便瞻仰的考虑，衍圣公孔端友以吴道子画像为底本镌刻了先圣遗像碑，供世人瞻仰。

（二）精神要素

1. 尊祖敬宗、慎终追远的精神

建炎南渡时，孔氏族人携孔子及亓官夫人楷木像、吴道子绘"先圣遗像"等文物而来衢。楷木圣像由孔氏族人细心珍藏，明清时期供奉于家庙思鲁阁，士人得以瞻仰。

2."自强不息"的精神

自孔氏族人南渡以来，楷木圣像已历经近900年的岁月，不仅见证了孔氏南宗的沧桑历史，更见证了孔氏南宗族人的自强精神。在近900年中，一批批硕儒名贤前来瞻仰，他们无不对孔子行教像碑赞叹不已，并留下了众多诗文；在近900年中，孔子行教像碑既屡受瞻仰，也历经多次战乱。战乱中，孔氏南宗族人用心珍藏与保护圣碑，保证了圣碑的安全。

（三）制度要素

孔氏南宗供奉于思鲁阁

孔子行教像碑是孔氏南宗的重要珍宝，孔氏族人极为珍视，细心收藏，供奉于孔氏南宗家庙思鲁阁，与世人共瞻仰。

（四）语言和象征符号

"恭而安"的《孔子行教像》

孔子行教像碑采用白描表现手法，即用最简朴最简练的笔墨，不事雕饰，不加烘托，抓住描写对象的特征勾勒出人物的个性、经历、言行的突出之处等情态面貌。而《孔子行教像》就是吴道子运用白描刻画孔子形象的典型代表，其用简洁遒劲的线条刻画出孔子亲切和善、"恭而安"的形象。

二、核心基因提取与评价

基于对材料的全面、深入分析,得出孔子行教像碑的核心基因:"尊祖敬宗、慎终追远、自强不息的精神"。

孔子行教像碑核心文化基因评价依据

评价项目	评价因子	评价依据(特点)	是否
生命力评价	文化基因存续的时间	自出现起延续至今,未曾明显中断	√
		自出现起延续至今,但多次衰微、中断后复兴	
		曾明显衰败,改革开放后开始复活复兴或历史溯源关键环节缺失,难以考证	
		文化形态主体已灭失,现存部分痕迹	
	文化基因的稳定性	在发展过程中保持相当稳定的状态	√
		在发展过程中存在明显的精神内涵、表现形式剧变	
凝聚力评价	文化基因的凝聚力及社会动员效果	曾广泛凝聚起区域群体的力量,显著推动过社会经济文化的发展	√
		曾部分凝聚起区域群体力量,对社会经济文化的发展产生过影响	
		凝聚过力量,创造过实际的发展动能,但未见对社会经济文化发展产生显著改变	
		仅在历史文献或口耳相传中存在,未见实际介入社会经济发展	

续表

评价项目	评价因子	评价依据（特点）	是否
影响力评价	辐射的范围	具有全国性、世界性的影响力	√
		具有长三角区域、浙江省影响力	
		具有市县、乡镇影响力	
	提炼的高度	已经被古代文人士大夫和当代学者提炼为精神符号和理念理论	√
		单纯的样式、造型、工艺技术规范	
发展力评价	与当代精神追求和价值观念的契合	传统文化基因得到创造性转化、创新性发展；区域革命文化基因被完整继承、广泛弘扬；区域社会主义先进文化基因成为与浙江"三个地"相适应的文化高地	√
		部分转化、部分弘扬、部分发展	
		难以转化、难以弘扬、难以发展	

说明：基因特点评价是对解码出来的基因，根据本《导则》表2的要求，围绕"四个力"逐一对表打"√"，进行定性表述

（一）生命力评价

"尊祖敬宗、慎终追远、自强不息的精神"自出现起延续至今，未曾明显中断，在发展过程中保持着相当稳定的状态。自孔氏族人南渡以来，孔子行教像碑已历经近900年的岁月，不仅见证了孔氏南宗的沧桑历史，更见证了孔氏南宗族人的自强精神。生命力强大。

（二）凝聚力评价

"尊祖敬宗、慎终追远、自强不息的精神"曾广泛凝聚起区域群体的力量，显著推动过社会经济文化的发展。《孔子行教像》是一幅形式和内容俱佳的绘画作品，作者以饱满的笔触、流畅的线条、古朴的色调，把一个睿智、深邃而又平易近人的

孔子再现于人们的面前，现在每当我们拜观《孔子行教像》时，总有一种在接受孔子教诲的感觉。孔子当年给弟子们讲的那些至理名言，似乎又在我们的耳边响起，给人以启迪，给人以智慧。这大概就是《孔子行教像》的艺术魅力吧。

（三）影响力评价

孔子是伟大的先哲。他的做人准则和人生理念，潜移默化地影响着不同阶层的人；他的智慧之光，辐射了中国人心灵的每个角落。出于对孔子的崇敬和祭拜，用艺术的手法塑造孔子的形象，古来有之，且历代绘画名家多有作品传世。而《孔子行教像》便是其中的典型代表。影响力巨大。

（四）发展力评价

"尊祖敬宗、慎终追远、自强不息的精神"是中华文明和中华传统文化的重要组成部分。首先在于培本固元，传承弘扬这一精髓和精华。曾子曰："慎终追远，民德归厚矣。"传统中，中国人相信，祖先和逝去的亲人并没有离开我们，他们的在天之灵永远和我们同在。祖先在中国人的心目中最神圣，中国人爱国主义思想在很大程度上有敬祖的含义，这种含义深入我们的骨髓，铸就了一种具有强烈责任感的民族精神：行事为人要对得起天地良心，绝不能辱没祖先，诠释着对先贤的敬畏，对民族传统的尊重。在当今风云变幻的国际大环境中，需要这种有强烈责任感的民族精神来面对各种挑战。发展力强大。

三、核心基因保存

"尊祖敬宗、慎终追远、自强不息的精神"作为"孔子行教像碑"的核心基因,文字资料保存于吴锡标等著《孔氏南宗研究》,刘小成、吴锡标编著《孔氏南宗》,《衢州孔氏南宗家庙》,庄月江《孔氏南宗家庙纪实》等文献中,实物材料保存于衢州孔氏南宗家庙。

沟溪祭孔

南孔文化 南孔文化基因

沟溪祭孔

沟溪村始于唐，而盛于宋，宋代后期古驿道途经沟溪，杰峰祖师在小溪和衢江江合处造起三孔石拱桥。村前衢江有货运码头，沟溪村成了水陆交通便利、商业发达、物产丰富的大村。该村是姓氏村庄，以龚、徐、万、郑、兰、方居住较早，孔氏则是后起之秀。

沟溪村位于柯城区以西沟溪乡政府所在地，在现有人口1300余人中，孔氏后裔就有700多人，是衢州市孔氏后裔最为集中的居住区，加之有2006年村民自发捐款撰修的《孔氏家谱》，保护较为完整的孔氏四房厅、祠堂等，根据沟溪村孔氏后裔愿望，2012年由现任村民支部书记孔令忠、村主任孔惠祥牵头，恢复每年9月28日孔子华诞日秋祭，形式上以沟溪孔氏集体祭祖盛典为主。在上级政府和村两委的支持下，继承和沿袭传统古老的民间家祭仪式，又结合了现代祭祖新的形式。参加这次祭祖的有政府代表，各界贵宾，曾就读尼山私塾的学子代表，学校老师、学生、乐队、合唱队、表演队，本村孔氏宗亲和居外孔氏族人，总人数约800人左右。

一、要素分解

（一）物质要素

1. 孔子六十七世孙毓均经商定居沟溪

康熙六十年（1721），孔子六十六世南宗袭封翰林院五经博士兴㸃三子毓均，经商定居沟溪至今有300多年。300多年来，孔氏家族以儒学传家，敬祭先祖。1854年，咸丰钦赐衢江边六百余亩荒芜淤地作为沟溪孔氏养马及开垦种植之地，并免交粮税。沟溪孔氏受此皇恩发展很快，咸丰六年（1856）广德和昭明新建孔氏总厅，即兴办尼山私塾，招收本族和外姓学童，传播儒家文化，开始由每户家祭，发展成有规模的集体祭祖典礼。

2. 祭祀器具

清代与民国时期，都是民间古老器具，乐器是先锋、唢呐、大锣、大鼓、归式礼炮。现代祭祖保持了原有的形式并结合了先进的全套音响设备和西洋铜管乐器，礼仪形式比以前复杂多了。祭祖典礼作品有沟溪孔氏祭祖盛典纪录片《圣裔祭祖》。

3. 丰富的祭品

沟溪孔氏祭祖更具有浓郁的乡土气息，祭品是自家养的猪羊鸡鸭鱼、酒饭、香烛、先祖画像、烛台、香炉，跪拜用的草垫子。

4.沟溪村孔氏祠堂总厅是祭祀场所

沟溪村孔氏祠堂总厅建于清咸丰六年（1856），厅内雕梁画栋，精美大气。此厅最初是沟溪村的孔氏族人创办的私塾，后来便一直承担着每年祭孔典礼之重任。

（二）精神要素

1.尊祖敬宗、慎终追远的精神

孔氏族人南渡以来珍视家族文物，思念鲁地，赴鲁会族，祭孔、祭祖活动等，均是追远之思的表现。

2.忠恕仁爱、中庸和谐的理念

孔子开创了有教无类、因材施教之理念，倡导了忠恕仁爱、中庸和谐之风尚，他的儒学思想光耀天际，祭孔的目的是进一步弘扬儒学，传播忠恕仁爱、中庸和谐的理念。

（三）制度要素

1.祭孔典礼有相应的规定程式

祭祖开始时首先是先锋（铜质乐器）三次，大鼓三通，礼炮三响，这些都是民间古老乐器，十二名童男童女献五谷敬香，主祭陪祭奉香敬酒，诵祭祖文，然后带领领导参祭人跪在草垫子上向先祖画像拜三次，就开始向开蒙学子分发红包，向困难学生发补助金，向优秀学生分发奖金，对贫困户进行扶贫。随后就开始分香饼（类似麻饼），接着男丁留下吃祭祀（吃饭）。为何称吃祭祀？因族中有专用祭祀金，以专用金招待吃饭，故为吃祭祀。祭祀结束后下午开演金华戏（婺剧）或座唱班唱戏，全程结束需要一天时间。

2.沟溪孔氏世代相传

沟溪孔氏自康熙六十年（1721）迁居沟溪，就开始祭祖。第一代开始祭祖是孔子六十七世孙孔毓均，第二代传承人是孔继灏，第三代传承人是孔昭明，第四代传承人是孔庆耀、孔宪宗，第五代传承人是孔宪祥，第六代传承人是孔繁喜，第七代传承人是孔庆鹦，第八代传承人是孔祥驹。由沟溪孔氏后人世代相传。

二、核心基因提取与评价

基于对材料的全面、深入分析，得出沟溪祭孔的核心基因："尊祖敬宗、慎终追远的精神""忠恕仁爱、中庸和谐的理念"。

沟溪祭孔核心文化基因评价依据

评价项目	评价因子	评价依据（特点）	是否
生命力评价	文化基因存续的时间	自出现起延续至今，未曾明显中断	√
		自出现起延续至今，但多次衰微、中断后复兴	
		曾明显衰败，改革开放后开始复活复兴或历史溯源关键环节缺失，难以考证	
		文化形态主体已灭失，现存部分痕迹	
	文化基因的稳定性	在发展过程中保持相当稳定的状态	√
		在发展过程中存在明显的精神内涵、表现形式剧变	
凝聚力评价	文化基因的凝聚力及社会动员效果	曾广泛凝聚起区域群体的力量，显著推动过社会经济文化的发展	√
		曾部分凝聚起区域群体力量，对社会经济文化的发展产生过影响	
		凝聚过力量，创造过实际的发展动能，但未见对社会经济文化发展产生显著改变	
		仅在历史文献或口耳相传中存在，未见实际介入社会经济发展	

续表

评价项目	评价因子	评价依据（特点）	是否
影响力评价	辐射的范围	具有全国性、世界性的影响力	√
		具有长三角区域、浙江省影响力	
		具有市县、乡镇影响力	
	提炼的高度	已经被古代文人士大夫和当代学者提炼为精神符号和理念理论	√
		单纯的样式、造型、工艺技术规范	
发展力评价	与当代精神追求和价值观念的契合	传统文化基因得到创造性转化、创新性发展；区域革命文化基因被完整继承、广泛弘扬；区域社会主义先进文化基因成为与浙江"三个地"相适应的文化高地	√
		部分转化、部分弘扬、部分发展	
		难以转化、难以弘扬、难以发展	

说明：基因特点评价是对解码出来的基因，根据本《导则》表2的要求，围绕"四个力"逐一对表打"√"，进行定性表述

（一）生命力评价

"尊祖敬宗、慎终追远的精神""忠恕仁爱、中庸和谐的理念"自出现起延续至今，未曾明显中断。祭孔是中华民族2000多年来为了尊崇与怀念至圣先师孔子而举行的隆重祭典，成为世界祭祀史、人类文化史上的一个奇迹。祭孔的目的是继承文化传统，把儒家文化中的精华转化成为现代生活的一部分。祭祀孔子是在缅怀和宣扬儒家思想，以儒家思想作为处世为人的道德准则。生命力强大。

（二）凝聚力评价

"尊祖敬宗、慎终追远的精神""忠恕仁爱、中庸和谐的理念"曾广泛凝聚起区域群体的力量，显著推动过社会经济文化的发展。南宋建炎三年（1129），孔子四十八世孙孔端友随

驾南迁始成南宗。南宗孔氏恪守祖训至诚祭祖。592年后，孔子六十七世孙毓均经商偶居沟溪，后代至今已历经二百九十一个春秋。虽离乡别祖，却从未停止对先祖的祭祀。咸丰六年（1856），孔子七十世孙广德和侄昭明新建孔氏总厅，开始了有规模的集体祭祖，并兴办私塾传播儒家文化。民国以后发展成春秋二祭，春祭礼仪较简，秋祭是先祖华诞日，礼仪非常隆重。民国初期，祭祀事物由保卫团团总孔庆耀和书记孔宪宗负责并担任主祭和陪祭。民国中期后，祭祀工作由孔宪祥和孔繁喜负责。20世纪40年代，孔子七十二世孙孔宪甲外甥、江山清湖徐达昌曾任军统局东南办事处行动队队长（毛森将军为办事处主任），多次参加沟溪孔氏祭祖。抗日战争胜利后邀请毛森将军回来参加祭祖，毛森将军高官要职却以平民身份，作为亲居关系至诚祭祀孔子。新中国成立后，民间家祭也未曾停息。凝聚力强大而深远。

（三）影响力评价

"尊祖敬宗、慎终追远的精神""忠恕仁爱、中庸和谐的理念"具有全国性、世界性的影响力。在中华民族5000多年的文化史上，孔子是集大成者，前2500多年靠孔子的记录和传承，后2500多年靠孔子思想的传播和影响。祭孔大典包括祭祀仪式和祭孔乐舞两部分。随着祭孔的规格和礼仪不断增加，祭孔大典成为与祭祀天地、社稷并列的"国之大典"，成为传承中华文化的象征性仪式。祭孔乐舞则起源于更早的舜帝时期，祭孔大典的每一个舞蹈动作，都是一个个进退谦让的礼仪规范，体现了礼乐教化功能，是中国礼乐文化的代表作。可见其影响力之巨大。

（四）发展力评价

祭孔是在缅怀孔子和宣扬孔子的儒家思想，以儒学思想作为处世为人的道德准则，把儒家文化中的精华转化成为现代生活的一部分，以提高人类的道德观念和个人素养。在当今的经济社会中，不断发展经济的同时也要重视儒家思想的人生观和道德观。发展力强大。

三、核心基因保存

"尊祖敬宗、慎终追远的精神""忠恕仁爱、中庸和谐的理念"作为"沟溪祭孔"的核心基因,文字资料保存于《衢州孔氏南宗家庙》《孔氏南宗研究》《南孔研究》等文献中,实物材料保存于沟溪村孔氏宗祠。

余东女儿节

南孔文化 南孔文化基因

余东女儿节

浙江省衢州市柯城区万田乡余家山头村，位于衢州城区以西5千米处，域内世代相传正月十八女儿节，属民间孝女省亲风俗。

村中老人相传，女儿节风俗大约形成于明天顺六年（1462），当时的余氏始迁祖守益公立下规矩，凡出嫁女儿，在农历正月十八必须回家省亲，并可参加祠堂祭祖礼仪，此风俗沿袭至今。当地俗语："十八十八，女儿回家。"正月十八日出嫁女儿要精心为父母准备新衣，以及各种糕点、礼品回家省亲，为父母亲洗头、洗脸、梳头、洗脚、剪指甲等。当天祖祠中悬挂纱灯，红烛高燃，太公画供奉中堂，众人祈福。女儿们还要准备祭品参与由族长组织的巡村，与族人一起去祠堂祭祖、献祭品、进香、诵读以《孝经》为主题的祭文，民间座唱班奏乐、舞龙灯等。当天晚上开设"百家宴"，阖村聚餐，在祠堂演戏，热闹非凡。女儿节传承至今，已有二十二代，历经500多年而未中断，即使在国家困难时期也得以延续。

一、要素分解

（一）物质要素

1. 余氏家族的兴旺

村中老人相传，女儿节风俗大约形成于明天顺六年（1462），当时的余氏始迁祖守益公立下规矩，凡出嫁女儿，在农历正月十八必须回家省亲，并可参加祠堂祭祖礼仪，此风俗沿袭至今。

2. 大宗祠

清代建筑，是女儿节活动的载体。

（二）精神要素

1. 男女平等的思想

在漫长的封建社会里，男尊女卑观念占主导地位，而余家山头村自古以来倡导尊重女性，男女平等，并非"嫁出去的女儿泼出去的水"。这充分体现了男女平等思想的先进性。

2. 团结和谐的理念

余家山头女儿节，家家是尊老爱幼，婆媳融洽，妯娌无怨，姑婆无猜，追求和睦共处。尤其是女儿节间，外乡亲朋好友也不约而至，一派远亲近睦的景象，影响了周边的乡民。

（三）制度要素

1. 规范的节日流程

当地俗语："十八十八，女儿回家。"在古时前一天，族人要杀猪，宰羊，叠馒头，准备五谷杂粮、新鲜水果等祭品。村中主要道路、家门口要悬挂大红灯笼，祖祠内悬挂一大六小纱灯等迎接女儿节。正月十八日出嫁女儿要精心为父母准备新衣，以及各种传统糕点、礼品回家省亲，为父母亲洗头、洗脸、梳头、洗脚、剪指甲等。女儿们还要准备祭品参与由族长组织的巡村、祭祖。在祠堂献上祭品、进香、诵读以《孝经》为主题的祭文，民间座唱班奏乐、舞龙灯等。当天晚上开设"百家宴"，阖村聚餐，餐后演戏。近年来，村里开展"好女儿、好媳妇"评选，募集、发放德孝基金，设立孝文化展示馆，举行返乡女儿座谈会，交流治家、致富信息等。

2. 口耳相传的群体传承体系

女儿节的传承谱系，在民间以口耳相传的形式代代传承，属于群体传承。凡余氏家族人员，大多参与其事。

（四）语言和象征符号

尊重女性，崇尚孝道

以外嫁女儿为主体是女儿节最主要的特征。传承500多年的女儿节，尊重女性的权利，特别在古时更难能可贵。每年的正月十八，出嫁的女儿都会回到娘家尽孝，符合现代社会所提倡的男女平等的思想与和谐社会的宗旨。2011年，余家山头村被确立为"衢州市孝文化教育基地"。女儿节具有广泛的群众性，节日活动万人参加，成为柯城区及周边区域内一项重要的春节民俗活动。2013年，余家山头村被确立为"浙江省春节文化特色地区"。女儿节是具有中华民族吉祥文化的喜庆性，同时增强乡亲和睦、社区和谐，尊敬老人，增加爱心的一项活动。

二、核心基因提取与评价

基于对材料的全面、深入分析,得出余东女儿节文化元素的核心基因:"尊重女性,崇尚孝道"。

余东女儿节核心文化基因评价依据

评价项目	评价因子	评价依据(特点)	是否
生命力评价	文化基因存续的时间	自出现起延续至今,未曾明显中断	√
		自出现起延续至今,但多次衰微、中断后复兴	
		曾明显衰败,改革开放后开始复活复兴或历史溯源关键环节缺失,难以考证	
		文化形态主体已灭失,现存部分痕迹	
	文化基因的稳定性	在发展过程中保持相当稳定的状态	√
		在发展过程中存在明显的精神内涵、表现形式剧变	
凝聚力评价	文化基因的凝聚力及社会动员效果	曾广泛凝聚起区域群体的力量,显著推动过社会经济文化的发展	√
		曾部分凝聚起区域群体力量,对社会经济文化的发展产生过影响	
		凝聚过力量,创造过实际的发展动能,但未见对社会经济文化发展产生显著改变	
		仅在历史文献或口耳相传中存在,未见实际介入社会经济发展	

续表

评价项目	评价因子	评价依据（特点）	是否
影响力评价	辐射的范围	具有全国性、世界性的影响力	√
		具有长三角区域、浙江省影响力	
		具有市县、乡镇影响力	
	提炼的高度	已经被古代文人士大夫和当代学者提炼为精神符号和理念理论	√
		单纯的样式、造型、工艺技术规范	
发展力评价	与当代精神追求和价值观念的契合	传统文化基因得到创造性转化、创新性发展；区域革命文化基因被完整继承、广泛弘扬；区域社会主义先进文化基因成为与浙江"三个地"相适应的文化高地	√
		部分转化、部分弘扬、部分发展	
		难以转化、难以弘扬、难以发展	

说明：基因特点评价是对解码出来的基因，根据本《导则》表2的要求，围绕"四个力"逐一对表打"√"，进行定性表述

（一）生命力评价

女儿节倡导"尊重女性，崇尚孝道"，此民俗既传承与实践了中国传统"孝"文化，也传播了男女平等的进步观念。女儿节用"会"的形式举行，众人欢聚，既隆重又活泼，不分本村外村，男女老幼皆兴趣浓厚乐意参与。女儿节力行敬老爱幼，家家和谐，杜绝了家庭纠纷和邻里纠纷，促进了乡里及社区和谐，在国民德孝素质亟待提高和《中华人民共和国老年人权益保障法》实施的今天，余家山头村女儿节更是一份生动的活教材。

（二）凝聚力评价

"尊重女性，崇尚孝道"是中华民族优秀传统文化的代表之一，有利于增强乡亲和睦、社区和谐，尊敬老人，增加爱心。女儿节传承有序，群众自发参与，具有强大的凝聚力。

（三）影响力评价

女儿节敬老行孝影响深远，对于建设新农村、提高村民素质、弘扬社会新风尚有着较大的促进作用。近年来，余家山头村涌现了500多名好女儿、好媳妇，敬老行孝之风影响周边。2011年被确立为"衢州市孝文化教育基地"，社区、单位、学校和广大市民来此参观学习者络绎不绝。2013年该村又被命名为"浙江省春节文化特色地区"，社会影响进一步扩大。

（四）发展力评价

传承500多年的女儿节，尊重女性的权利，特别在古时更难能可贵，符合现代社会所提倡的男女平等的思想与和谐社会的宗旨。而孝文化是中华民族道德的重要组成部分，是中华文化的精髓，在中国古代历史时期的家庭、社会、政治生活中产生了重要的影响。当前，孝文化仍是中华民族传统美德之一，也是社会和谐的黏合剂。弘扬孝文化，有利于家庭关系的和睦、社会的安定发展、人际关系的融洽和时代精神的培育，对于加强公民道德建设、创新社会管理、促进和谐社会的构建有着十分重要的现实意义和积极作用。在当今社会具有强大的发展力。

三、核心基因保存

"尊重女性,崇尚孝道"作为"余东女儿节"的核心基因,文字资料保存于《中村余氏家谱》《传承衢州"女儿节"续写孝文化的正能量》《略论浙西传统文化中孝文化的表现形态》《传续孝心的衢州女儿节》等文献中。实物资料保存于余东村。

南孔钟磬

南孔文化　南孔文化基因

南孔钟磬

宋建炎三年（1129），孔子四十八世孙、衍圣公孔端友率族人随高宗南渡，赐家衢州，为孔氏南宗始祖，衢州遂为孔氏后裔第二故乡，史称"东南阙里"。宝祐三年（1255），建孔氏家庙于城北菱湖芙蓉堤畔，规制一如曲阜孔庙。元季毁于兵，明永乐初迁于崇乐坊，明正德十五年（1520）迁于西安县儒学旧址，即今家庙所在地。现孔庙主体建筑有头门、大成门、大成殿、东西两庑、思鲁阁、圣泽楼等，庙前设有"金声""玉振""棂星""大成"四门，金声、玉振两门之外，有"德配天地""道冠古今"两块牌坊。

衢州孔庙庙址屡迁，祭器累有增益，旋置旋失。咸丰间，战乱频仍，祭器残阙。民国三十一年（1942），日寇攻陷衢州，孔氏家庙遭到严重破坏，礼器、乐器被劫殆尽，事后仅得铜钟一口、石磬两悬。只有雍正十年（1732）编钟、雍正十一年（1733）大钟，得以留存至今，殊为不易。

一、要素分解

（一）物质要素

1. 清雍正孔庙编钟

编钟为钟腔外鼓的圆筒形，青铜质。平舞，平口，几何形钮。钲、篆间以凸弦纹间隔，钲部饰36圆锥状枚。器表光素，四面钲间刻有34字铭文："孔庙编钟太簇四。世袭翰林院嫡孙毓垣监制。西安县知县任之俊详制。雍正壬子秋月。"通高31.2厘米，腹径22厘米。现藏衢州市博物馆。编钟为清代衢州孔庙乐器，原应有16件。"编钟，范金为之，十六钟同虡，应十二正律、四倍律，夷则、南吕、无射、应钟各有倍律。阴阳各八。外形椭圆，大小同制，惟内高、内径、容积各不同。实体之薄厚，以次递增。第一倍夷则之钟，体厚一分三厘三毫，至第十六应钟之钟，体厚二分八厘四毫。簨虡涂金，上簨左右刻龙首，中、下二簨俱刻朵云，系金钩悬钟。两虡承以五采伏狮，下为趺，镂山水形。"编钟的编制为宫悬四面各一架，共16枚，每钟一律，在乐队中按其律吕音高排列。编钟在祭孔合乐中用于乐章每句的开始，每奏一句之始，即击一声以开众音。每个乐章，八句击八响，为一句之始条理。歌每句将毕时，击该律的编磬一响，以收该句之尾。监制者孔毓垣，字东安，孔兴爈子，孔子六十七世孙。衢州府学庠生。兄弟三人，次曰毓墀，再次曰毓均。制造者任之俊，民国《衢县志》有载。陕西长安县举人，浙江西安县知县。西安县，唐咸通中改信安为西安，因西溪（衢江）得名，隶衢州。五代、北宋时为衢州治，南宋时属两浙东路。元、明、清代为府治，宣统三年（1911）七月裁西安县并入衢州府，由府兼理县事。其范围大致包括今天的柯城区和衢江区。铸造时间在雍正十年（1732）秋八月。清代文庙释奠日期是每年的春秋上丁日，即农历二月和八月的第一个丁日，这就是"丁祭"。丁祭是唐宋以后专行于曲阜孔庙的一种祭仪，每年四次，每季的仲月上丁日举行，国子监和州县孔庙每年只春秋仲丁二祭。

2. 清雍正孔庙编磬

磬体如"7"字状，石质，素面，现存11悬，叩之铿锵有声。通长50厘米左右，宽17.7厘米左右，厚2—4厘米不等。在磬上边侧面上刻有"雍正壬子秋月嫡孙毓垣监制"。编磬下有"黄钟合""清大四""清太五""清夹乙""清黄六""仲吕上""林钟尺""夷则工""南吕工""应钟凡"等文字。现藏衢州市博物馆。

3. 清雍正先圣家庙钟

铁质，钟由悬钮、钟身组成。兽首钮，拱身桥形，头顶双角，高鼻深目，嘴角微张，颌下虬须，背带脊刺，中顶宝珠，四肢侧屈趴伏，外露利爪。古代洪钟上多铸此兽，名蒲牢，龙生九子之一，性好鸣，"凡钟欲令声大者，故作蒲牢于上"。钟身圆筒状，分三段。上段圆肩外饰一周重列覆莲瓣纹，瓣尖之间有乳钉；中段以横阳筋线分割成两层，内铸铭文；下段口沿为八曲喇叭口。钟体顶部中央有圆形开口，边缘有两个圆形孔洞。铁钟中段铸有铭文，上层铭文为："先圣家庙钟。"下层铭文为："浙江省衢州府知府杨景震，西安县知县任之俊详制。世袭翰林院五经博士、六十七代嫡孙孔毓垣监铸。西安县礼、工房何帝锡、孔尚轼承铸。大清雍正十一年嘉平月吉旦铸造。"通高100厘米，口径62厘米。现存衢州孔庙。铁钟的体型较大，为大钟，也称为特悬之钟。大钟与大鼓相配，被悬在大成门左右，是为钟鼓呼应。初行祭礼则击鼓，祭事毕则击钟，鼓三百六十击，钟一百八十响。迎神、送神则钟鼓齐鸣。大钟制于清雍正十一年（1733）十二月。制作人杨景震，扬州人，杨铸长子，历任衢州府知府、嘉兴府知府。民国《衢县志》"宦迹举要"条有记载他的事迹。大钟由礼、工房承铸。清代县衙设有三班六房，六房即吏、户、礼、兵、刑、工房，是按中央六部对口而设之州县官衙的办事机构，一般由知州或知县委派幕宾代管。各房之首为司吏、典吏，亦称掌案或总书。六房的具体分工不同，其中礼房主管祭祀、庆典、儒学教育、生员考试以及主官出巡仪卫等事；工房主管蚕桑、织造、公署修筑、水利兴修、银两销铸等事。房首何帝锡、孔尚轼，县志无载。

（二）精神要素

1. 体现了中华民族的灿烂文化和辉煌的科技成就，显示了中国人的非凡智慧

编钟兴起于周朝，盛于春秋战国直至秦汉。中国是制造和使用乐钟最早的国家。编钟是我国古代特有的重要的乐器，它用青铜铸成，由大小不同的扁圆钟按照音调高低的次序排列起来，悬挂在一个巨大的钟架上，用丁字形的木槌和长形的棒分别敲打铜钟，能发出不同的乐音，因为每个钟的音调不同，按照音谱敲打，可以演奏出美妙的乐曲。引在木架上悬挂一组音调高低不同的铜钟，由侍女用小木槌敲打奏乐。铜制古乐钟是唯一给我们保存下古乐音的乐器，对它的形状、结构和发声特性以及对古代金属铸造技术的研究，可以了解古代人关于音乐学、声学、冶金铸造学的知识，为科学史研究增加了丰富的实物素材。

2. 中国礼乐文化的象征

孔庙祭祀为历代封建统治者所重视。清王朝入主中原后，统治者为了彰显其正统身份，加强对汉人的道统统治，尊孔崇儒，一面大兴文字狱，一面抬高儒学地位。清初以来，孔子地位逐步提升，清朝统治者多次亲临曲阜祭孔，雍正时期更是出现了全国范围内的孔庙祭祀文化，这都是历史上鲜有的。孔子不仅是文化的象征，更是清朝廷思想统治的核心。衢州孔庙作为全国仅有的两座家庙之一，具有重要的地位。沧海桑田，文物流散。作为衢州孔庙至今留存的为数不多的礼乐用器，雍正十年（1732）编钟、雍正十一年（1733）大钟为我们了解清代的孔庙祭祀礼乐文化等提供了难得的物证。

（三）语言和象征符号
特有的形制和装饰纹样

雍正十年（1732）编钟的形制特点为平口、扁圆体，这是清代康熙以来所强调的钟形，与周代的合瓦形编钟有别。这种类型的编钟为清代宫廷朝会、祭祀、宴飨使用编钟的流行样式，乾隆朝颁行的《皇朝礼器图式》中画有一幅云龙纹编钟就是如此，并配文："本朝定制，朝会中和韶乐编钟……以厚薄为次，薄者声浊，厚者声清。纽为双龙，中为云龙文，近唇如满月者六以受击。形制皆同……前镌康熙五十四年制，后各镌律名……祭祀、燕飨、中和韶乐编钟皆同。"清代编钟的大小相同，也与周代铜钟大小有序的特点大不相同。但与清代宫廷编钟流行装饰云纹、八卦纹等不同的是，雍正十年（1732）编钟的纹饰为钲、篆间以凸弦纹间隔，钲部饰

36圆锥状枚，这是周代编钟纹饰的特点，为复古样式。清雍正先圣家庙钟的形制为梵钟形式。梵钟是古代中国所创制的一种乐器，截面呈圆形，并不成编悬挂，也无法演奏乐曲。它虽然称作梵钟，但并非外国钟的仿制品，因为古印度并未发现过这类器物。梵钟最晚不迟于南北朝时已出现，在梵宇之外，道观、簧舍以及一般钟楼都悬挂这种钟。孙机在《中国梵钟》一文中将梵钟分为四种类型，其中Ⅱ型梵钟的形制与雍正十一年（1733）钟较为接近，钟口有波曲，但较浅，可称为"浅波口钟"。浅波口钟出现于唐代，钟口分六道波曲，自钮部向每道波曲的弧尖处连接条带纹，将钟壁表面纵分为六区，再以水平条带将钟壁横分为三层，从而整个钟面共划分成十八格。北宋开始，浅波口钟由六曲变为八曲，后几成定制。明时，浅波口钟面区划为八格，对应底部八个方位标以八卦纹，为一时之风尚。圆口、口缘作波浪形的梵钟样式，是明代官方祭礼乐钟的形制，《大明集礼》图式中"镛""编钟""歌钟"器型皆为梵钟。这种传统佛钟形制特征的梵钟进入明代祭孔祭器传统中，可能与儒、释长期相互渗透有关。

二、核心基因提取与评价

基于对材料的全面、深入分析，得出南孔钟磬的核心基因："体现了中华民族的灿烂文化和辉煌的科技成就，显示了中国人的非凡智慧""中国礼乐文化的象征"。

南孔钟磬核心文化基因评价依据

评价项目	评价因子	评价依据（特点）	是否
生命力评价	文化基因存续的时间	自出现起延续至今，未曾明显中断	√
		自出现起延续至今，但多次衰微、中断后复兴	
		曾明显衰败，改革开放后开始复活复兴或历史溯源关键环节缺失，难以考证	
		文化形态主体已灭失，现存部分痕迹	
	文化基因的稳定性	在发展过程中保持相当稳定的状态	√
		在发展过程中存在明显的精神内涵、表现形式剧变	
凝聚力评价	文化基因的凝聚力及社会动员效果	曾广泛凝聚起区域群体的力量，显著推动过社会经济文化的发展	√
		曾部分凝聚起区域群体力量，对社会经济文化的发展产生过影响	
		凝聚过力量，创造过实际的发展动能，但未见对社会经济文化发展产生显著改变	
		仅在历史文献或口耳相传中存在，未见实际介入社会经济发展	

续表

评价项目	评价因子	评价依据（特点）	是否
影响力评价	辐射的范围	具有全国性、世界性的影响力	√
		具有长三角区域、浙江省影响力	
		具有市县、乡镇影响力	
	提炼的高度	已经被古代文人士大夫和当代学者提炼为精神符号和理念理论	√
		单纯的样式、造型、工艺技术规范	
发展力评价	与当代精神追求和价值观念的契合	传统文化基因得到创造性转化、创新性发展；区域革命文化基因被完整继承、广泛弘扬；区域社会主义先进文化基因成为与浙江"三个地"相适应的文化高地	√
		部分转化、部分弘扬、部分发展	
		难以转化、难以弘扬、难以发展	

说明：基因特点评价是对解码出来的基因，根据本《导则》表2的要求，围绕"四个力"逐一对表打"√"，进行定性表述

（一）生命力评价

南孔钟磬作为南孔祭祀乐器，已经传承了几百年，礼乐文化首出于中华文明氏族时代。南孔钟磬是传承中华民族优秀文化传统、弘扬南孔文化的物化象征之一。生命力强大。

（二）凝聚力评价

礼乐文化是氏族宗亲的文化活动。整个氏族的人，因礼乐祭祀而集合起来，人人有职，有位，有序，有分，不遗弃任何一个人，这就叫"礼"。礼有差有别而绝无对立。氏族宗亲没有"存胜汰败"的规则。礼乐活动展示的规则是两两对应，相报、互动、平衡、得宜。在"礼"的肢体活动和"乐"的欢歌乐舞中，人人都有一个"名"。名必对应、平衡、得宜：君臣、父子、夫妇、男女、长幼。有外氏族人到来，则"朋友"。于

是按名按礼行事，简单、清楚、明白。互往互来，相答相报。在礼的往来还报中，规则、公理、价值观产生了。它是中华民族优秀文化传统的象征，具有强大的凝聚力和象征力。

（三）影响力评价

礼乐文化曾给了中华民族几千年的共处和谐。人与天互礼，人与人互礼，人与万类互礼，谐和为宏大乐章。士大夫朝班揖让，相率以礼，退而修文学辞章。上行下效，民间应之，国泰家和。如今全人类潮涌般争赛，唯奋勇而入潮流，先之于潮头，继之以力挽。影响力强大。

（四）发展力评价

礼乐配合，外以化气质，成长威仪；内以化心灵，成长精神。这都是对人的精神训练、仪容训练和行为训练。礼乐结合，达至至善。在当代社会背景下，对保护和传承中华优秀传统文化和民众提升自身修养都有其现实指导意义。发展力强大。

三、核心基因保存

"体现了中华民族的灿烂文化和辉煌的科技成就,显示了中国人的非凡智慧""中国礼乐文化的象征"作为"南孔钟磬"的核心基因,文字资料保存于徐映璞《孔氏南宗考略》、孔尚任《圣门乐志》、孙召华《清宫编钟形制及其功能考辨》、孙机《中国梵钟》、董喜宁《孔庙祭祀研究》、孔德平等著《祭孔礼乐研究》等文献中,实物材料保存于衢州市博物馆。

南宗碑刻

南孔文化　南孔文化基因

南宗碑刻

孔端友随赵构南渡，赐家于衢；其嫡裔又几易庙址，留下的碑刻十分可观，只可惜历朝战乱的毁坏，大多数已被湮没。根据新中国成立以来陆续征集、发掘，以及史料所载碑文的情况来统计，如今还存在实物碑刻 13 块、史载碑文 10 篇。这些碑刻大都陈列在孔氏南宗家庙内，人们从中可细细地了解、研究家庙的某段历史，也可通过这些碑刻看到当时社会历史的背景。思鲁阁下陈列的"先圣遗像碑"称得上是镇庙之宝。此碑成为家庙鼎立、迁建历史的见证。

明代碑刻有 3 块。

一块是明"正德拾伍年拾月"立的"巡按浙江监察御史臣唐凤仪等谨题为拓充家庙以隆祀典事……"，碑高131厘米，宽80厘米，厚5厘米，计860字，碑的下段残缺。

另一块是承直郎刑部湖文清吏司主事直隶苏松等处审录开化方豪撰的明正德十五年（1520）十一月立的"衢州孔氏家庙碑"，此碑残高180厘米，宽86厘米，厚5厘米，刻文近800个楷书。这两碑均记当时城南"旧庙倾隘"上奏要求迁建家庙于今地的具体内容。

还有一块是明墓志碑，虽说不是与家庙直接相关之碑，但却是六十二世袭封翰林院五经博士孔闻音为其母刘氏（袭封翰林院五经博士孔弘章之夫人）所敬立的墓志铭。此碑记述了刘氏生于明嘉靖八年（1529）七月十五日，终于万历三十六年（1608）八月十三日，享年七十九，以及一生的事略。立碑时间为万历三十七年（1609）春三月四日"清明节孝男闻音泣血谨志"，碑高46厘米，宽53厘米，厚4.5厘米，计270个字，此碑于近年在柯城区石室乡出土。

自清初以来，家庙、家塾等建筑屡有修建，祭祀、家塾田产也时有变迁，这些历史事件大致都一一地留在了现存的9块碑刻之中。碑刻基本情况依次为：

1. 西安县知县孔贞锐于清顺治六年（1649）撰"恭修祖庙并设祭田碑"，此碑高220厘米，宽82厘米，厚5厘米，文字640个左右。

2. 兵部尚书李之芳于清康熙二十一年（1682）撰"衢州重修孔氏家庙碑"，并附载各地官吏、族人78人名，碑高295厘米，宽95厘米，厚6厘米，碑文约2000字。

3. 衢州知府谭瑞东于清道光三年（1823）撰"重修衢郡至圣家庙碑"，碑高218厘米，宽80厘米，厚7厘米，已断损成两截，碑文刻有620个字，此碑为1994年征集而得。

4. 西安县儒学教谕徐允伦于清咸丰五年（1855）撰"孔氏承启家塾捐田碑"，附有田、塘区号亩分情况，碑残高170厘米，宽75厘米，厚5厘米，约刻有1300字。

5. 前国子监学录署衢州府教授何汝枚于清同治六年（1867）撰"重修孔氏家庙并赎濠田续置家塾义田碑"，记载了"闽浙总督一等伯左宗棠捐银柒百两"等情况，以及浙江、江西各地官吏名人的捐银数量详情，此碑高184厘米，宽95厘米，厚6厘米，碑文有近1700个字。

6. 清同治十年（1871）如山撰"孔氏续置家塾宾兴田产碑"，记载了添置田地塘区号亩分计百五十二处。碑高157厘米，宽81厘米，厚5厘米，碑文上下分成5段。

7. 金衢严道吴县桑树勋撰衢州知府刘国光书丹的清光绪八年（1882）"重修衢郡至圣家庙及建复祠署碑"，此碑现存成4块，分别从几处征集而得，碑高35.5厘米，宽68厘米，厚3.5厘米，刻有录书220个左右。

8. 另外附有"捐修孔氏祠署文武官员题名碑"，记载了桑树勋捐洋二百元、刘国光捐洋二百元，以及各地官员数十人捐洋详情，碑形成与"重修衢郡至圣家庙及建复祠署碑"同，刻480个字。

9. 清光绪二十八年（1902），衢州府知府长白世善撰并书"重修衢州孔氏家庙碑"，其修葺情况主要是"正殿上一律更置筒瓦琉璃映碧，顿异旧观……"。碑高210厘米，宽81厘米，厚9厘米，碑文620字左右，为20世纪80年代初文物普查中征集所得。这是清朝最后一次修建孔氏南宗家庙的见证。

一、要素分解

（一）物质要素

1. 南宗碑刻

共 12 块，其中明代 3 块，清代 9 块。

2. 碑刻所用材料为青石

衢州当地盛产青石，青石具有便于镌刻、好保存的特点，广泛运用于碑刻。

（二）精神要素

1. 尊祖敬宗、慎终追远的精神

从现存的南宗碑刻内容来看，充分体现了历代朝廷官员和民众对孔氏先贤慎终追远的精神。

2. 自强不息的精神

自孔氏族人南渡以来，南宗碑刻已有几百年的时间，不仅见证了孔氏南宗的沧桑历史，更见证了孔氏南宗族人的自强精神。

3. 崇儒重道的精神

这些历经几百年的南宗碑刻充分体现了历史上社会各界对儒学的推崇和重视，是社会各界注重崇儒重道精神的最有力的证据。

4. 家族延续和流传有序的观念

孔氏家族素有"天下第一家"之称，孔子作为伟大的思想家，他创立的儒家学派对后世中国以及整个东方文化产生了巨大影响。孔子族人传承2500多年，至今已繁衍八十二代，全世界族人已达300多万人。正是有这种严谨的传承和发扬，孔氏家族才能有今日的影响力。

（三）制度要素

1. 用碑刻记录历史的传统

古人有用碑刻记录历史的传统，无论是官方还是民间都有用碑记来记载发生的史实，从明代的这3块碑刻来看，前两块碑均记当时城南"旧庙倾隘"上奏要求迁建家庙于今地的具体内容。还有一块是明墓志碑，是六十二世袭封翰林院五经博士孔闻音为其母刘氏所敬立的墓志铭。自清初以来，家庙、家塾等建筑屡有修建，祭祀、家塾田产也时有变迁，这些历史事件大致都一一地留在了现存的9块碑刻之中。

2. 孔氏南宗世代相传

南宗碑刻是孔氏南宗的重要珍宝，孔氏族人极为珍视，细心收藏，供奉于孔氏南宗家庙中，供后世人学习研究。

（四）语言和象征符号

碑刻

碑刻是我国古代记载史实、保存和传播文化的重要艺术形式。古代的石刻大师们将画家的画稿或书法家的手迹依原作惟妙惟肖地镌刻在石碑上，不仅可供人们学习、鉴赏，且其本身就是一种艺术作品。

二、核心基因提取与评价

基于对材料的全面、深入分析，得出南宗碑刻的核心基因："尊祖敬宗、慎终追远、自强不息、崇儒重道的精神"。

南宗碑刻核心文化基因评价依据

评价项目	评价因子	评价依据（特点）	是否
生命力评价	文化基因存续的时间	自出现起延续至今，未曾明显中断	√
		自出现起延续至今，但多次衰微、中断后复兴	
		曾明显衰败，改革开放后开始复活复兴或历史溯源关键环节缺失，难以考证	
		文化形态主体已灭失，现存部分痕迹	
	文化基因的稳定性	在发展过程中保持相当稳定的状态	√
		在发展过程中存在明显的精神内涵、表现形式剧变	
凝聚力评价	文化基因的凝聚力及社会动员效果	曾广泛凝聚起区域群体的力量，显著推动过社会经济文化的发展	√
		曾部分凝聚起区域群体力量，对社会经济文化的发展产生过影响	
		凝聚过力量，创造过实际的发展动能，但未见对社会经济文化发展产生显著改变	
		仅在历史文献或口耳相传中存在，未见实际介入社会经济发展	

续表

评价项目	评价因子	评价依据（特点）	是否
影响力评价	辐射的范围	具有全国性、世界性的影响力	√
		具有长三角区域、浙江省影响力	
		具有市县、乡镇影响力	
	提炼的高度	已经被古代文人士大夫和当代学者提炼为精神符号和理念理论	√
		单纯的样式、造型、工艺技术规范	
发展力评价	与当代精神追求和价值观念的契合	传统文化基因得到创造性转化、创新性发展；区域革命文化基因被完整继承、广泛弘扬；区域社会主义先进文化基因成为与浙江"三个地"相适应的文化高地	√
		部分转化、部分弘扬、部分发展	
		难以转化、难以弘扬、难以发展	

说明：基因特点评价是对解码出来的基因，根据本《导则》表2的要求，围绕"四个力"逐一对表打"√"，进行定性表述

（一）生命力评价

"尊祖敬宗、慎终追远、自强不息、崇儒重道的精神"自出现起延续至今，未曾明显中断。自孔氏族人南渡以来，南宗碑刻已历经几百年的岁月，不仅记载着孔氏南宗的沧桑历史，更见证了孔氏南宗族人尊祖敬宗、慎终追远、自强不息的精神。同时，充分体现了整个社会崇儒重道的精神。生命力强大。

（二）凝聚力评价

"尊祖敬宗、慎终追远、自强不息、崇儒重道的精神"曾广泛凝聚起区域群体的力量，显著推动过社会经济文化的发展。它是中华民族的立身之本，是中华民族不断前进的精神动力，在几千年的中华文明史中发挥着强大的凝聚力。

（三）影响力评价

"尊祖敬宗、慎终追远、自强不息、崇儒重道的精神"具有全国性、世界性的影响力。所谓慎终追远是指我们从先祖那里继承优秀的文化与传统，从而使自己道德修养等得到提升，使生命有意义，生活得快乐而美好。这是全人类的课题，是人类追求美好生活的指针。其基因的影响力巨大。

（四）发展力评价

"尊祖敬宗、慎终追远、自强不息、崇儒重道的精神"让传统文化基因得到创造性转化、创新性发展。其基因对于人们研究传统文化、瞻仰孔子遗容、了解孔氏南宗及其家庙的迁建历史极具当代研究价值。

三、核心基因保存

"尊祖敬宗、慎终追远、自强不息、崇儒重道的精神"作为"南宗碑刻"的核心基因,文字资料保存于《衢州孔氏南宗家庙》《南孔研究》等文献中,实物材料保存于衢州孔氏南宗家庙和衢州市博物馆。

当代南孔祭孔礼乐

南孔文化 南孔文化基因

当代南孔祭孔礼乐

孔子开创私人讲学之风，整理和保存重要的文化典籍，并开创儒家学派，是礼乐文化的积极实践者、探究者、解释者和传播者。中国素来以礼著称，对礼仪活动也极为关注，而祭祀堪称礼仪活动中的重中之重。祭祀典礼中必不可少的歌舞等形式是对儒家文化的重要传承，反映出艺术和政治间的紧密联系，生动地传达出孔子思想中何为"礼"。历代以来，祭孔伴随着孔子地位的提高而逐渐受到人们重视，仪式活动也逐渐变得庄重而富有仪式感。

2004年，南孔祭典在孔祥楷的倡导下恢复，将传统少部分精英的祭孔改为平民化，极大地拓宽了祭孔文化的宣传广度，进一步促进了儒家文化的传播。对于新时代的南孔祭孔，中山大学中国非物质文化遗产研究中心教授王霄冰评价道，南孔祭孔仪式在很多方面都有着紧跟时代进步的创新之处。中国孔子基金会原常务副会长刘蔚华曾说，孔祥楷改革的南孔祭典开创了一个祭祀新仪式。

一、要素分解

（一）物质要素

1. 公祭与学祭

自恢复祭孔以来，衢州已举行了 15 次祭孔典礼。在社会各界人士的关注和努力下，祭孔仪式逐步形成了"每两年一次学祭，每两年一次孔子文化节暨国际儒学论坛，每三年一次社会各界公祭"的祭祀模式，此中学祭与公祭隔年轮换。学祭是南孔祭孔的首创，自 2004 年"当代祭孔"后，南孔祭孔在贴合时代重视教育的节奏下，首创了以教育为核心的学祭。在学祭中，参与者多以师生为主，参祭者的 95% 以上都是学生、老师以及教育界的代表。把孔子作为教育家的这一属性突出进行祭祀，强化了自古以来中华民族传承下来的对教育重视的优秀传统，从而进一步促进了衢州地区教育事业的发展。在历届学祭仪式中，衢州第二中学、衢州高级中学、衢州中等专业学校、衢州市实验学校、衢州市仲尼中学、柯城区尼山小学、柯城区实验幼儿园等学校部分师生都积极参与其中并担当礼生，从中濡染儒家文化。浙江一带历来有着尊师重教的优良传统，因此衢州借以学祭的渠道，把孔子作为教育事业的开山始祖来祭祀，是拥有着深厚思想文化积累的，并且能够突出南孔文化与时代相结合的特色。随着学祭的成功举办获得了良好的社会影响，学祭也向衢州外从事教育行业的人们发出了邀请。2006年，杭州《都市快报》提议海选出教师代表来衢参加祭孔，得到了中共衢州市委宣传部的大力支持。在2007年的祭孔典礼中，就有25名来自杭州的教师代表和44名来自金华浙江师范大学的师生。而大规模的公祭只有在逢"五"逢"十"的年份才会举行，在参与祭祀人员的社会阶层上与学祭是有区别的，其囊括了社会各界人员，有着更为广泛的社会参与度，从而有了更大的影响力。祭祀作为儒家文化开创者的孔子，隆重的祭典让人们遥思先圣，并且为衢州的文化建设创造出了一个不可多得的优秀平台。同时为了公祭活动，调动更多市民参与的积极性，增强祭孔活动的公益效果，衢州举办了衢州国际儒学论坛。通过这三种方式间换祭孔活动的类型，使祭孔活动不再单一重复，并且能够影响到更多的来自不同社会阶层的代表主动投入到祭祀孔子的活动中，从而更加有助于优秀儒家文化的传承与发展，使衢州的祭孔活动更加持续，更加具有影响力。

2. 当代祭孔音乐

祭孔音乐由孔祥楷亲自设计，旋律基调定在光明、张扬的主调上。整个祭孔过程有四支曲，分别是主祭人、陪祭人就位，进香，敬献五谷、文房四宝，敬献花篮。祭孔音乐也是"当代人祭孔"的一大特色，具有强烈的时代气息。现代祭孔中，最有亮点的是由孔祥楷亲自写词谱曲的《大同颂》，替换了以往古老、刻板、不受现代人喜爱的祭孔音乐。无论是公祭还是学祭，来自世界各地参加祭孔的人士共同在礼成前借助《大同颂》的演唱来抒发自己虔诚的祭奠之情。在2005年的学祭典礼上，巨化合唱团又一次让祭孔以新面貌和经典之作存留在南孔祭孔史长河中，其在孔祥楷的亲自指挥下精神饱满地演唱了《东南阙里》组歌。《东南阙里》是一首庞大的合唱曲，由《大哉孔子》《南渡风云》《有教无类》《孔洙让爵》《彦绳复爵》《楷木圣像》《东南阙里》《浩浩中华》这八个乐章和《大同颂》这一尾声组成。八个乐章过渡自然，每个乐章都有大合唱与朗诵，但又有各自的风格特性，曲作者正是孔祥楷本人。他原是打算找衢州专业作曲人员来谱曲，可没有人能写出他想要的音乐风格，于是他仅运用曾经在大学文工团自学过的音乐知识写成了这首巨作。《东南阙里》

歌词语言精练、气势恢宏、情感饱满，为崔铭先经历两年之久的修改完善而成。《东南阙里》本身就是一部极为优秀的音乐作品，其还把优秀传统文化融入歌声中，弘扬了孔子及儒家精神，代表了衢州精神,意义深远且重大。

3. "南孔祭典"文艺晚会

南孔祭典将由乐、歌、舞、礼四部分构成的传统祭孔典礼结合新时代的变化，大胆革新，取其中"佾舞"独立出来，转化为祭孔典礼前夜的纪念晚会。2004年9月27日为首次纪念晚会，由谢晋导演担任首席艺术顾问，在长达90分钟的晚会中，主要涵括了两个节目：一是话剧《大宗南渡》，二是大合唱《东南阙里》。话剧《大宗南渡》是由孔祥楷自编自导的，大合唱《东南阙里》是由他作曲并指挥的。让人记忆犹新的是，2006年，衢州国际孔子文化节大型文艺晚会在衢州学院体育场上演。晚会由《南宗乐舞》这一大型舞蹈开场，随后唐磊的《菊花香》、沙宝亮的《暗香》、韩红的《来吧》等14个精彩难忘的节目，给观众留下了深刻的印象。2010年9月26日，由孔府铜管乐队原创的曲目《花园月光》揭开了文艺晚会的序幕。在晚会上，还有孔府艺术团的创作歌曲女声

四重唱《鸽群在蓝天盘旋》、女声小组唱《元夕》及男声小组唱《兵车行》等节目。这些作品都是由孔祥楷亲自创作的，除了这些，还有《雨燕》《线线牵在妈妈手上》《天涯共此时》《衡雁北望》等作品。

4. 七十五世孙、南宗奉祀官孔祥楷

孔祥楷出生于1938年1月，1944年应袭"大成至圣先师南宗奉祀官"，1947年，国民政府下文委任为"大成至圣先师南宗奉祀官"。1961年毕业于西安建筑科技大学，曾任河北金厂峪金矿矿长、沈阳黄金学院副院长、衢州市市长助理、衢州市委统战部部长、衢州市政协副主席。现任衢州孔氏南宗家庙管理委员会主任，衢州孔子学术研究会会长，浙江省政协委员，衢州市政协委员，浙江师范大学孔氏南宗研究中心主任、教授，衢州学院孔子研究所所长、教授，国际儒学联合会理事，浙江省儒学学会顾问。

（二）精神要素

1. 开放包容的创新精神

衢州孔庙管委会主任孔祥楷先生以"当代人祭孔"的理念，征求社会各方意见，策划设计了南宗祭孔的全部仪程。此外，孔祥楷还力主把孔氏南宗家庙中孔子牌位上"大成至圣先师之神位"的"神"字删掉，改成了"大成至圣先师之位"。2004年9月28日，时值孔子诞辰2555周年纪念日，衢州市举行了1949年以来的首次祭祀大典。南孔祭祀大典定位为"当今社会各界祭祀孔子，不沿袭仿古的祭祀形式"，即"当代人祭祀孔夫子"。这充分体现了南孔开放包容的变革创新精神。

2. 慎终追远的精神

孔氏族人南渡以来珍视家族文物，思念鲁地，赴鲁会族，祭孔、祭祖活动等，均是追远之思的表现。

（三）制度要素

规范的礼仪仪程

从2004年南孔祭孔首次恢复之时，基本就已经确定了学祭的基本模式，但同时又有在传统模式基础之上的推陈出新和与时俱进。将基本的传统模式改为穿现代服装，行鞠躬礼，"献五谷"替换了"献三牲"，以香、五谷和果物蔬菜作为献祭品。而在学祭中，祭品里还包括了笔墨纸砚。用朗诵《论语》章句等来替代佾舞，为时代的特色赋予了祭孔活动鲜明的特征，不同的时代特点汇聚成了带有不同文化和习俗的祭孔活动，无论是"社会各界公祭"还是"学祭"，虽形式、内容都不尽相同，但究其根本，目的大都相同：弘扬传统儒家思想的精华。而每年的祭典存在着固定模式，但又不乏有着与时俱进的创新性。南孔祭孔活动按程式进行，祭孔过程达40分钟，分为四项，每个部分都有具体的内容。如2018年纪念孔子诞辰2569周年祭祀典礼仪程规范且有创新性。

（四）语言和象征符号

《大同颂》

《大同颂》由七十五代南宗奉祀官孔祥楷亲自写词谱曲。歌词为：大道之行也，天下为公。选贤与能，讲信修睦。故人不独亲其亲，不独子其子。啊，使老有所终，壮有所用，幼有所长。矜寡孤独废疾者，皆有所养。男有分，女有归。天下为公。啊……啊……啊……啊……货恶其弃于地也，不必藏于己。力恶其不出于身也，不必为己。是故谋闭而不兴，盗窃乱贼而不作，故外户而不闭，是谓大同。外户而不闭，是谓大同。

纪念孔子诞辰贰仟伍佰陆拾玖周年祭祀典开始

第一章礼启
礼启第一奏乐
礼启第二主祭人陪祭人进位
第二章献启
献礼第一敬献五谷文房四宝晋香燃烛（钟、鼓、磬、编钟齐鸣）
献礼第二全体向孔夫子像行鞠躬礼
鞠躬再鞠躬三鞠躬
献礼第三敬献花篮
献礼第四主祭人陪祭人晋香敬酒献礼第五主祭人诵《祭孔子文》献礼第六主祭人陪祭人复位
第三章颂礼
颂礼第一诵《伟大的孔夫子》
颂礼第二特殊学校学生诵读《大同颂》颂礼第三诵读《论语》章句
第四章礼成
礼成第一全体唱《大同颂》
礼成第二纪念孔子诞辰2569周年祭祀典礼礼成

二、核心基因提取与评价

基于对材料的全面、深入分析,得出当代南孔祭孔礼乐的核心基因:"开放包容的创新精神"。

当代南孔祭孔礼乐核心文化基因评价依据

评价项目	评价因子	评价依据(特点)	是否
生命力评价	文化基因存续的时间	自出现起延续至今,未曾明显中断	√
		自出现起延续至今,但多次衰微、中断后复兴	
		曾明显衰败,改革开放后开始复活复兴或历史溯源关键环节缺失,难以考证	
		文化形态主体已灭失,现存部分痕迹	
	文化基因的稳定性	在发展过程中保持相当稳定的状态	√
		在发展过程中存在明显的精神内涵、表现形式剧变	
凝聚力评价	文化基因的凝聚力及社会动员效果	曾广泛凝聚起区域群体的力量,显著推动过社会经济文化的发展	√
		曾部分凝聚起区域群体力量,对社会经济文化的发展产生过影响	
		凝聚过力量,创造过实际的发展动能,但未见对社会经济文化发展产生显著改变	
		仅在历史文献或口耳相传中存在,未见实际介入社会经济发展	

续表

评价项目	评价因子	评价依据（特点）	是否
影响力评价	辐射的范围	具有全国性、世界性的影响力	√
		具有长三角区域、浙江省影响力	
		具有市县、乡镇影响力	
	提炼的高度	已经被古代文人士大夫和当代学者提炼为精神符号和理念理论	√
		单纯的样式、造型、工艺技术规范	
发展力评价	与当代精神追求和价值观念的契合	传统文化基因得到创造性转化、创新性发展；区域革命文化基因被完整继承、广泛弘扬；区域社会主义先进文化基因成为与浙江"三个地"相适应的文化高地	√
		部分转化、部分弘扬、部分发展	
		难以转化、难以弘扬、难以发展	

说明：基因特点评价是对解码出来的基因，根据本《导则》表2的要求，围绕"四个力"逐一对表打"√"，进行定性表述

（一）生命力评价

祭孔是中华民族2000多年来为了尊崇与怀念至圣先师孔子而举行的隆重祭典，成为世界祭祀史、人类文化史上的一个奇迹。祭孔的目的是继承文化传统，把儒家文化中的精华转化成为现代生活的一部分。祭祀孔子是在缅怀和宣扬儒家思想，以儒家思想作为处世为人的道德准则。当代祭孔礼乐在继承传统的基础上，结合当代时代特点融合现代音乐，为推广南孔文化作出了贡献。

（二）凝聚力评价

祭孔礼乐集中表现了儒家思想文化，体现了艺术形式与政治内容的高度统一，形象地阐释了孔子学说中"礼"的含义，表达了"仁者爱人""以礼立人"的思想，具有较强的思想亲

和力、精神凝聚力和艺术感染力，对于弘扬优秀传统文化、营造和乐氛围、构建和谐社会、凝聚民族精神具有不可替代的社会作用。

史上堪称奇迹。祭孔大典的每一个舞蹈动作，都是一个个进退谦让的礼仪规范，体现了礼乐教化功能，是中国礼乐文化的代表作。可见其影响力。

（三）影响力评价

在中华民族5000多年的文化史上孔子是集大成者，前2500多年靠孔子的记录和传承，后2500多年靠孔子思想的传播和影响。祭孔大典包括祭祀仪式和祭孔乐舞两部分。随着祭孔的规格和礼仪不断增加，祭孔大典成为与祭祀天地、社稷并列的"国之大典"，成为传承中华文化的象征性仪式。祭孔乐舞则起源于更早的舜帝时期，是尽美的韶乐孑遗，是世界上最古老的大型交响乐，在世界音乐

（四）发展力评价

祭孔，就是要唤醒根植于中华儿女血脉之中的仁爱、敬畏和责任，做一个负责任的国家，做有良知的公民。祭孔，犹如让孔子再次"周游列国"，在世界范围内宣传中国人坚守了几千年的文明、礼仪、仁爱、道德、和谐的传统美德，树立"和为贵""讲信修睦"的大国形象，让世界放心，为中国争取有利的发展环境，为实现中华民族伟大复兴中国梦而贡献有效路径。

三、核心基因保存

"开放包容的创新精神"作为"当代南孔祭孔礼乐"的核心基因,文字资料保存于李桂民《论祭孔的传统与孔子祭祀礼仪的变迁》,王州、王耀华《孔庙礼乐的定位、实践及其文化内涵——以明代文献〈孔庙礼乐考〉〈大成礼乐集〉考察为中心》,宫伟《文化寻根之旅——论祭孔乐舞的文化传承和传播》,王卫东《祭孔乐舞舞谱初解》,李淑明《从祭孔乐舞看儒家文化思想》等文献中,实物资料保存于衢州孔氏南宗家庙。

ID # 周宣灵王庙

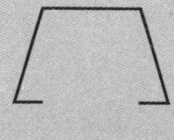

南孔文化　南孔文化基因

周宣灵王庙

周宣灵王庙位于衢州市水亭门内下营街，始建于南宋嘉定年间。元、明、清、民国历代不断修葺扩建，形成占地3600余平方米、规模恢宏的古建筑群。

周宣灵王庙奉祀南宋孝子周雄。初称周孝子庙，俗称周王庙。周雄，字仲伟，杭州市新城渌渚人，生于南宋淳熙十五年（1188）。幼时随父贾于衢，与孔子五十一世孙、袭封衍圣公的孔文远是同学，交游甚深。嘉定四年（1211），周雄24岁时，为病重母亲祷于江西婺源五王庙，归途舟至衢州，闻母讣，仰天捶胸一恸，哀伤气绝，僵立舟中不仆。孔文远感其诚孝，为其捐地，漆身塑像立庙以祀。相传周雄威灵显著，水旱疾役，祷之辄应。于是在元至正年间，被封为护国广平正烈周宣灵王，简称周宣灵王。

元至元年间，监郡伯颜忽都奉封王号，首次扩建庙宇。明弘治九年（1496），庙毁复建。明正德九年（1514），增建庙宇，并在南面建石坊一座。嘉靖三十四年（1555），在庙南跨街增建"周孝子祠"牌坊一座。清康熙五十五年（1716），重修庙宇。清嘉庆十三年（1808），又修。清道光十七年（1837），扩建。清同治八年（1869），社会捐资重新扩建。清光绪二十二年（1896），修复。

20世纪50年代，戏台台面被拆。20世纪70年代，庙宇后进被拆至目前状况，居民占用南北侧轴线配房。20世纪80年代初，作为市副食品公司一仓库。

1957年10月19日，衢县人民委员会公布周宣灵王庙为县级文物保护单位。1982年4月25日，衢州市人民政府重新公布为市级文物保护单位。1997年8月29日，浙江省人民政府公布为省级文物保护单位。1998年8月，周宣灵王庙产权划归衢州市文物局保护使用，为第七批国家重点文物保护单位。

一、要素分解

（一）物质要素

1. 周宣灵王庙古建筑群

官厅。前厅后楼布局，中间隔以砖墙，为硬山顶建筑。前厅三间两搭厢格局。前厅面阔三间计10.54米，进深计6.35米。明间两缝梁架为七檩带前后单步用四柱。梢间两缝梁架为七檩山柱落地用五柱，双坡屋面。两厢面阔二间计4.97米，进深一间计2米，单坡面。前厅置望板，檐口施飞椽，板瓦屋面。

后楼三间前后两搭厢格局。后楼面阔三间计10.54米，进深计6.02米。明间两缝梁架底层施矩形承重梁用三柱，二层为五檩用二童柱。梢间两缝梁架为五檩山柱落地用五柱，双坡屋面。前两厢面阔一间计3.65米，进深一间计1.92米，单坡面。

后两厢面阔一间计 2.5 米,进深一间计 1.92 米,单坡面。后楼置望板,板瓦屋面。

宅院 1。四合院布局,建筑坐西朝东,为硬山顶式。门厅为不对称三开间,面阔计 10.9 米,进深五间计 5.56 米。明、梢间梁架均为穿斗式,六檩带后单步用六柱,双坡屋面。南厢房面阔一间计 3.4 米,进深一间计 3.05 米,单坡屋面。北厢房面阔一间计 3.4 米,进深二间计 4.2 米,双坡屋面。正厅亦为不对称三开间,面阔计 10.9 米,进深计 6.3 米,梁架结构同门厅,双坡屋面。

宅院 2。四合院布局,为硬山顶式建筑。门厅面阔三间计 7.8 米,进深计 8.61 米。明间两缝梁架为七檩带前双步后单步用四柱。梢间两缝梁架为七檩用六柱,双坡屋面。两厢面阔一间计 3.6 米,进深一间计 2.3 米,单坡屋面。正厅面阔三间计 7.8 米,进深计 5.3 米。明间两缝梁架为六檩用四柱,梢间两缝梁架为六檩用三柱,双坡屋面。

仓房。前厅后楼布局,建筑坐南朝北,为硬山顶式。前厅面阔三间计 9.65 米,进深二间计 4.1 米。明、梢间梁架为穿斗式,三檩用三柱,双坡屋面。两厢面阔一间计 3.5 米,进深一间计 2.2 米,单坡屋面。后楼面阔三间计 9.65 米,进深计 6.21 米。明、梢间梁架为穿斗式,五檩带前单步用五柱,双坡屋面。后楼前设一长达 5.25 米的拱梁,架于两厢檐柱上。

2. 能工巧匠辈出

当时的衢州经济和社会事业较为发达,周边的东阳帮手工艺人早已名闻天下。

3. 材料充沛,工具齐备

衢州多山区,木材资源充沛,木

匠众多，工具种类繁多，如木工需采用的曲尺、丈杆、斧头、锯子、刨子、凿子、墨斗等。

（二）精神要素

1."百善孝为先"的伦理之道

在中国古代传统文化中，孝道是一项重要的内容。儒家认为："孝悌也者，其为人之本欤。"一部《孝经》把孝称作"天之经也，地之义也"。孝顺父母、团结兄弟，是基本的伦理准则。周雄故里渌渚山清水秀，人杰地灵，民风淳朴，周雄从小深受父母和村风的熏陶，从小能体会到"人勤足食丰衣而裕家光宗"的含义。虽仅24岁而亡，无论官方还是民间都将其孝行事迹奉为典范，将其崇为神明，逐步发展成为孝子祭风俗，并以此弘扬孝道。

2."仁者爱人"的仁义之心

千百年来，中国社会把孝道视为纲常伦理。在儒家的伦理中，以"仁"为核心内容，"仁者爱人"，"仁"是一种广泛性的理念和普遍性的道德，所以从实践意义上来说，"孝"是一个人的元德，它是仁性产生的根源，是实践"仁"的起点，所以孝是仁之本。孝子祭每年重复举行，对父母、对家庭的忠孝扩大对国家、对社会的忠孝，从而被信奉为至高无上的道德。

3.构建社会主义和谐社会的内在动力

孝文化是我国传统文化的瑰宝，是中国传统伦理道德的支柱之一。传统孝道包括养亲、尊亲、顺亲、礼亲、光亲等基本内容，其中既要有发自自然亲情的爱，又要有符合伦理的"敬"与"仁"，最后落实到实践上就是"顺"。孝由身而家，由家而社会，由社会而治国，其含义不断延伸推广，以"孝治天下"是孝的最高境界。周雄信仰中将周雄的至孝人格精神化为生动的传说故事，并依靠乡村信仰组织网络，渗透到民众的生活世界中。孝子祭，每年举行两次，年复一年，在祭祀的过程中，人们向孝向善的心灵得到洗礼，祭祀仪式会形成重要的文化节庆活动，有助于加强社会团结，有助于构建一个稳定和谐的社会环境，是维持乡村秩序的一种有效手段。

（三）语言和象征符号

1.教化育人的传说故事

周雄一生虽然短暂，但充满了传

奇色彩，其生平事迹、灵应传说，历朝历代都有记录。从口头流传中，周雄侍母至孝，有替母解除疾病痛苦的瓜瓢治伤、深夜吸痰、吮毒疗伤，有为母康复采集食材的拜师钓鱼、破冰捕鱼、学做豆腐，有尽心侍奉母亲的怀足暖母、扎发侍母、衣不解带等，还有治病救人的发奋学医、开棺救人、智除虎患等，无论是灵异传说还是生平故事都具有教化育人的功能，周雄信仰是人们精神的皈依，孝子祭仪式给人以心灵的慰藉和暗示，增强百姓战胜困难、克服困难的信心，是一方群众的精神支柱。

2. 精美的木雕砖雕装饰图案

周宣灵王庙内藻井装饰精美，其额枋上雕人物故事及凤鸟。山墙嵌碑八通。檐柱用方形石柱，柱础菱形。梁柱粗大，建筑内部木雕砖雕极其精美，工艺讲究。

二、核心基因提取与评价

基于对材料的全面、深入分析,得出周宣灵王庙的核心基因:"'百善孝为先'的伦理之道"。

周宣灵王庙核心文化基因评价依据

评价项目	评价因子	评价依据（特点）	是否
生命力评价	文化基因存续的时间	自出现起延续至今,未曾明显中断	√
		自出现起延续至今,但多次衰微、中断后复兴	
		曾明显衰败,改革开放后开始复活复兴或历史溯源关键环节缺失,难以考证	
		文化形态主体已灭失,现存部分痕迹	
	文化基因的稳定性	在发展过程中保持相当稳定的状态	√
		在发展过程中存在明显的精神内涵、表现形式剧变	
凝聚力评价	文化基因的凝聚力及社会动员效果	曾广泛凝聚起区域群体的力量,显著推动过社会经济文化的发展	√
		曾部分凝聚起区域群体力量,对社会经济文化的发展产生过影响	
		凝聚过力量,创造过实际的发展动能,但未见对社会经济文化发展产生显著改变	
		仅在历史文献或口耳相传中存在,未见实际介入社会经济发展	

续表

评价项目	评价因子	评价依据（特点）	是否
影响力评价	辐射的范围	具有全国性、世界性的影响力	√
		具有长三角区域、浙江省影响力	
		具有市县、乡镇影响力	
	提炼的高度	已经被古代文人士大夫和当代学者提炼为精神符号和理念理论	√
		单纯的样式、造型、工艺技术规范	
发展力评价	与当代精神追求和价值观念的契合	传统文化基因得到创造性转化、创新性发展；区域革命文化基因被完整继承、广泛弘扬；区域社会主义先进文化基因成为与浙江"三个地"相适应的文化高地	√
		部分转化、部分弘扬、部分发展	
		难以转化、难以弘扬、难以发展	

说明：基因特点评价是对解码出来的基因，根据本《导则》表2的要求，围绕"四个力"逐一对表打"√"，进行定性表述

（一）生命力评价

""百善孝为先'的伦理之道"作为周宣灵王庙的核心基因，其根植于民间，源远流长，从形成之日起到现在已有约800年历史。在这漫长的发展过程中，沿袭古礼，彰显民俗，又与佛教、道教、儒教三教融合，兼收并蓄，不断完善，表现出旺盛的生命力，具有生生不息的传承性。

（二）凝聚力评价

""百善孝为先'的伦理之道"作为周宣灵王庙的核心基因，其作为一种传统文化的社会记忆形式，世代相传，存在历史悠久，拥有广泛的族群认同基础，是联系、沟通当地民众情感的纽带与桥梁。在周雄的信仰圈内，人们以共同信仰周雄为精神基础，以周宣灵王庙为纽带，定期入庙进香，

周雄为民间崇拜的主神，有助于加强社会团结，扩大社会联系。民俗节庆活动，民间百姓呼朋唤友，聚餐小酌，沟通感情，人流带来信息流，加强了彼此之间的沟通与联系。另外，周雄信仰弘扬孝道文化，尊老爱幼，有助于提高区域认同、和谐社会秩序的建立和完善。

（三）影响力评价

根据上海复旦大学教授朱海滨《祭祀政策与民间信仰变迁》一书记载，至明清时期，周雄庙分布于浙江、安徽、江西、江苏四省十一府二十六县，有周王庙七十座。翻阅文献资料，可以发现旧时对周雄最普遍的称呼是"周宣灵王""周孝子"。在漫长的历史发展过程中，周雄在江南拥有相当数量的信众，他从一个孝子演变成地方保护神、徽州药王神、钱塘江水神、苏州玉器行业神等。可见影响力巨大。

（四）发展力评价

孝文化是中国文化精神的源头，也是中国道德伦理的精神基础。流传于钱塘江流域的周雄信仰以儒家伦理思想为背景，将周雄仁孝的人格精神转化为生动的传说故事，并依靠周而复始的祭祀仪式与乡村信仰组织网络宣传，深入民众的生活世界，长期以来不断教化、引导民众。具有较为强大的发展力。

三、核心基因保存

"'百善孝为先'的伦理之道"作为"周宣灵王庙"的核心基因,文字资料保存于明代《衢州地方志》等文献中,实物材料保存于衢州周宣灵王庙。

孔府

南孔文化　南孔文化基因

孔府

明正德十五年（1520），世袭翰林院五经博士孔承美呈请朝廷新建家庙，并于家庙西侧另立一门，建翰林院五经博士署，简称"翰林公署"，正式建立起南宗孔府，民国时称为南宗奉祀官府。明代南宗孔府机构不见史载，但门下设差役若干，包括家庙门子、家塾门子、力役、柴薪皂隶等。其费用由朝廷承担，并列入衢州府及相关各县年度税赋预算之中。清代沿袭此制。

清初，南宗孔府设有赍奏、随朝、伴官等属官。到了清末，几经增减，设督理1员，典籍1员，司仪2员，司乐2员，掌书2员，书写4员，驻杭州、龙游执事官各1员，散执事官4至8员，属官22员，视正、从八、九品以年资议叙，其规模大于一般府、县的机构人数。民国奉祀官府下设秘书1员，仪制科科长、科员各1员，保管科科长、科员各1员，总务科科长1员，收发1员，监印1员，司书2员，报内务部批准任免。民国二十八年（1939），圣像南迁，增设留衢主任1员及卫士16员。南京政府按职员实有人数编制岁出预算书，核定南宗奉祀官府机构开支，并由浙江省政府向国库具领，就近转发。

一、要素分解

（一）物质要素

1. 大宗南渡，高宗赐家衢州

南宋建炎二年（1128）秋，宋高宗于扬州行宫郊祀，孔子四十八世嫡孙、衍圣公孔端友及从父、中奉大夫孔传奉诏侍祀。嗣后，金兵大举南下，锋芒直指淮扬，高宗君臣仓皇南渡。在孔传的支持下，孔端友奉端木子贡手摹"孔子及亓官夫人楷木像"、唐吴道子绘"先圣遗像"、北宋政和年间所颁铜印等，率近支族属扈跸而南，辗转数千里，于建炎三年（1129）到达今浙江衢州。宋高宗驻跸临安后，孔端友携从父孔传等谒阙上疏，叙家门旧典及离祖丧家之苦，因功赐家衢州，以奉楷像。南渡的孔子后裔遂在衢州安家落户，孔氏遂有南北宗之分。

2. 明朝政府在资金上的大力支持

明正德十五年（1520），翰林院五经博士孔承美经巡按监察御史唐凤仪、布政使何天衢等疏请于朝，拨给库银，诏许重建。由同知陆钟、通判曾伦、推官杨文升及所属五县知县共同督造，于正德十六年（1521）四月建成，家庙与翰林公署合一。新桥街家庙鼎建至今已有480余年，经万历、顺治、康熙、雍正、乾隆年间修葺、拓建，至道光年间完成今庙规制。以后屡毁屡葺，未有重大改动。

3. 孔府建筑群

南宗孔府现存共有五进建筑。出于考虑，南宗孔府和家庙西轴线共用大门。入"孔氏先宗"门向西有小门直通南宗孔府第一进院落。南宗孔府首为照壁。次为圣府门，三开间硬山式建筑，门夹两厢结构。穿过大门，走过长长的甬道来到大堂。大堂面阔三间，进深四间，是世袭翰林院五经博士和奉祀官处理家族内部事务，管理乐舞生、礼生、庙户、佃户的地方。再进为花厅，五开间硬山式建筑，是翰林院五经博士和奉祀官会客之地。花厅和内宅间有两搭厢，清末民初是翰林院五经博士孔庆仪之妻、孔府太夫人的佛堂和休憩场所。最后一进是内宅，为五开间二层硬山式建筑，是南宗孔府女眷居所。内宅后是后花园，微波荡漾、绿树成荫，亭台楼阁、假山水榭一应俱全，是翰林院五经博士及其眷属休憩之地。

4. 能工巧匠辈出

当时的衢州经济和社会事业较为发达，周边的东阳帮手工艺人早已名闻天下。

5. 材料充沛，工具齐备

衢州多山区，木材资源充沛，木匠众多，工具种类繁多，如木工需采用的曲尺、丈杆、斧头、锯子、刨子、凿子、墨斗等。

（二）精神要素

1. 推崇孔子思想的物化象征

历代的衢州州官、府官都是把保护、建设衢州孔府作为自己的应尽之责的。他们请皇命、捐俸禄，组织力量，一次次修葺家庙，一次次参加祭祀孔子的活动。实际上，衢州的官员是把孔府作为官庙来看待、规制的，这包含着相当浓厚的政治色彩，体现着尊孔崇儒的儒家思想。孔府也责无旁贷地成了人们推崇孔子思想的物化象征之一。

2. "泗淛同源"的南北一家精神

几千年前，山东人把家叫"阙里"，后世便借用孔子家在曲阜的"阙里"之名，将衢州孔庙和孔府称为"东南阙里"。"东南阙里"的称谓，也是孔氏南北二宗"同根、同宗、同源"的体现。明正德年间重建的"新桥街家庙"和孔府，大成门上悬"东南阙里"匾额，就体现了衢州作为孔氏南宗族人故乡的应有地位；再进大成殿，则悬"泗淛同源"匾额，意为"两孔一家亲",即有孔氏南宗北宗"同根同源、共同发展"的深刻含义。

(三)制度要素
历代政府给予南宗孔府的特权

自南宋以来,历代政府均给予南宗孔府以种种政治、经济特权,其中影响最大的是始于南宋的免差特权,即豁免相关人户的赋税和劳役负担。其涉及对象相当广泛,不仅翰林院五经博士本身能够享受,那些与其有关的或依附于他的人,包括府庙属官、礼生、乐舞生、庙户、仆役以及孔氏南宗族人等,也能够得到优免。清代,孔氏南宗嫡派"除正供外,一切杂泛差徭,概行优免",优免政策甚至惠及寓居福建、江西等地的南宗族人。除免差特权外,南宗孔府还享有恩官特权。南宋时期恩例授官,一般从最低一级迪功郎(从九品)起,官职虽不高,但毕竟给孔氏南宗族人提供了一个出仕机会。到了元代和明初,南宗族人纷纷被恩授学官,从书院山长到教谕、学正、教授、学录,进而出任州县地方行政长官。更有特授儒学提举,主管一省教育行政。明中后期,南宗族人以岁贡、选贡等名义出仕。清代,南宗恩例集中体现为陪祀临雍大典、议叙恩贡等方面。乾隆五十年(1785),孔继翰、孔继潭兄弟临雍陪祀,礼成,送国子监,期满议叙恩贡,以直隶州州判分发河南、直隶。其他特权还有仪仗特权、入觐特权、"无孔不开榜"等。

(四)语言和象征符号
"无孔不开榜"

清顺治九年(1652)改翰林院五经博士仪仗,由明代的皂色舆导改为黄色舆导。同年又请得三年入觐之例,贺万寿圣节。宣统元年(1909),孔子七十三世孙孔庆仪入觐,钦加国子监祭酒衔(从四品)。康熙五十九年(1720),以曲阜四氏学乡试耳字号例,题准浙江衢州西安县孔氏南宗后裔,每学政按试,于正额外先行广额进儒童入学两名,即每年在正额之外给孔氏南宗秀才两个名额,号称"无孔不开榜"。

二、核心基因提取与评价

基于对材料的全面、深入分析,得出孔府的核心基因:"推崇孔子思想的物化象征""'泗洙同源'的南北一家精神"。

孔府核心文化基因评价依据

评价项目	评价因子	评价依据(特点)	是否
生命力评价	文化基因存续的时间	自出现起延续至今,未曾明显中断	√
		自出现起延续至今,但多次衰微、中断后复兴	
		曾明显衰败,改革开放后开始复活复兴或历史溯源关键环节缺失,难以考证	
		文化形态主体已灭失,现存部分痕迹	
	文化基因的稳定性	在发展过程中保持相当稳定的状态	√
		在发展过程中存在明显的精神内涵、表现形式剧变	
凝聚力评价	文化基因的凝聚力及社会动员效果	曾广泛凝聚起区域群体的力量,显著推动过社会经济文化的发展	√
		曾部分凝聚起区域群体力量,对社会经济文化的发展产生过影响	
		凝聚过力量,创造过实际的发展动能,但未见对社会经济文化发展产生显著改变	
		仅在历史文献或口耳相传中存在,未见实际介入社会经济发展	

续表

评价项目	评价因子	评价依据（特点）	是否
影响力评价	辐射的范围	具有全国性、世界性的影响力	√
		具有长三角区域、浙江省影响力	
		具有市县、乡镇影响力	
	提炼的高度	已经被古代文人士大夫和当代学者提炼为精神符号和理念理论	√
		单纯的样式、造型、工艺技术规范	
发展力评价	与当代精神追求和价值观念的契合	传统文化基因得到创造性转化、创新性发展；区域革命文化基因被完整继承、广泛弘扬；区域社会主义先进文化基因成为与浙江"三个地"相适应的文化高地	√
		部分转化、部分弘扬、部分发展	
		难以转化、难以弘扬、难以发展	
说明：基因特点评价是对解码出来的基因，根据本《导则》表2的要求，围绕"四个力"逐一对表打"√"，进行定性表述			

（一）生命力评价

从先秦时期孔子创立儒家学派以来，至今已有2500多年。儒家思想为何能在历史的长河中被奉为主流经典并传承至今，主要原因在于其所传承的并不是单一的流派，也不是个别宗教的理念，它结合吸收了中华数千年的百家思想，以其自身多元化海纳百川，同时根据时代更迭、社会进步不断发展，才造就了当今被称为"整个中华文明的经典"的儒家思想。其生命力极其强大。

（二）凝聚力评价

历史上儒家思想传播在中国文明的传承与创新上有着至关重要的影响，在政治上为封建统治阶级建立了较为完善的治国理政体系，在思想上熏陶古代社会群众，培养了优良的中华传统美德，塑造了不凡的中华民族精神。作为中国传统文化的思想主流，为中华民族的文化传承和发展起到了极其重要的作用。凝聚力强大。

（三）影响力评价

儒家思想在朝代更迭中，对中华文化有着深刻的影响。虽说"百花齐放，百家争鸣"，但儒家思想在历史长河中沉淀沿袭，至今作为我国社会的主流思想绝非偶然。儒家思想在2500多年的时间里，其"仁、义、礼、智、信、忠、恕、孝、悌"的思想核心与中国历史的发展相辅相成，在总结社会发展经验的同时，也不断创新、丰富自身内涵，为人民所选择，为社会所需要，对中华民族的民族性格和文化的形成产生了深远影响。

（四）发展力评价

当前社会的主要任务是完成社会主义现代化，实现中华民族伟大复兴的中国梦，其中也包含着儒家思想的印记。第一，儒家思想内在推崇融合民主与科学。儒家创始人孔子所提出的"学而时习之，不亦说乎"本身就在提倡学习，南宋朱熹的"格物致知"也在为学习西方先进科学文化做铺垫，不论中西方文化，唯有学习才有进步与发展。同时，儒学也涵盖了"以民为本"的思想，这在一定程度上引导着人民走向民主之路。第二，儒家思想传统文化熏陶下的中国，有充足的能力实现社会主义现代化。儒学在第二次世界大战后于各国广泛传播，后又经历了中国的改革开放、经济发展、科技革命等，事实证明了中国传统文化儒家思想并不应被摒弃，甚至在现代化中也贡献着自己的力量。第三，儒家思想关于治国的思想"兴国安邦""长治久安"对我国现代文明建设有着重要的意义。中国作为当今世界第二大经济体，在经济迅速发展的同时，人们的精神世界也必须与其相匹配，以适应当前社会对精神文明的迫切要求。儒家思想正好符合这一点，它可以丰富人民群众的精神世界，给人以归属感，这契合了当前社会经济水平，推动精神文明向物质文明靠拢。发展力强大。

三、核心基因保存

"推崇孔子思想的物化象征""'泗淛同源'的南北一家精神"作为"孔府"的核心基因，文字资料保存于明代《诏建衢州孔氏家庙碑》、《中国建筑艺术全集》、《中国古代建筑史》、《中国古建筑文化之旅》、崔铭先《孔夫子的嫡长孙们》等文献中，实物材料保存于衢州孔府。

南孔圣地城市品牌

南孔文化 南孔文化基因

南孔圣地城市品牌

城市品牌标识——作揖礼

[南孔圣地]
衢州有礼
QUZHOU

城市吉祥物——快乐小鹿

城市卡通形象——南孔爷爷

2005年9月，时任浙江省委书记习近平同志在衢考察时作出了"衢州历史悠久，是南孔圣地，孔子文化值得很好挖掘、大力弘扬，这一'子'要重重地落下去"[1]的重要指示，衢州市始终牢记习近平总书记的重要嘱托，一直高度重视南孔文化的挖掘与发展。特别是2018年以来，衢州市委、市政府提出了打响"南孔圣地·衢州有礼"城市品牌，全力打造"一座最有礼的城市"，积极推动南孔文化创造性转化、创新性发展。

"南孔圣地·衢州有礼"城市品牌逐渐深入人心，影响力不断扩大，2019年衢州以第45名的优异成绩首次跻身中国城

---

[1]. 本书编写组：《干在实处 勇立潮头——习近平浙江足迹》，浙江人民出版社、人民出版社，2022年，第235页。

市品牌评价百强榜,荣获博鳌国际旅游奖传播口号榜、文旅整合营销案例榜、IP形象榜三大奖,并被评为"2019年度中国十大品质休闲城市"。"南孔圣地·衢州有礼"成为衢州城市形象的金名片,向世界展示了"一座最有礼的城市"对历史有礼、对自然有礼、对社会有礼、对未来有礼四个维度丰富的内涵。

一、要素分解

（一）物质要素

1. 南孔圣地由来故事

靖康二年（1127），金灭北宋，康王赵构建立南宋，改元建炎。建炎二年（1128）十一月，南宋高宗赵构在扬州行宫举行继统后首次祀天大典，衍圣公孔端友与从父孔传奉诏陪位。孔端友返曲阜不久，金兵大举南下，破北京，占兖州，锐不可当。孔端友在从父孔传的支持下，除留胞弟孔端操留守阙里林庙外，遂恭负传家宝"孔子及亓官夫人楷木像"等，率近支族人南下扬州扈跸。建炎三年（1129）春，金兵前锋直逼扬州，高宗君臣仓皇渡江东奔杭州，建都于临安。孔端友率族人从跸渡江，到达临安。宋高宗感于孔端友奉诏南渡之功，赐家衢州。从此，衢州被孔子后裔称为"第二故乡""第二圣地"，史称"东南阙里""南孔圣地"。作为沐浴了近900年儒风的衢州，自南宋以来就成为江南儒学文化重镇，"南孔圣地"是衢州独特的历史文脉和文化地位。

2. 会客厅

城市品牌是一座城市的专属基因。现在一提到衢州，本地很多人都知道南孔圣地、"衢州有礼"了，孔庙、儒学馆也成为衢州有名的景点，但是仅仅是市内、省内知名度还是不够的，接下来要在国内乃至国际上的南孔品牌推广上多下功夫。除了做广告以外，还要加大"引进来、走出去"的力度，打造"南孔文化会客厅"，举办形式多样、丰富多彩的活动，吸引更多的人来到衢州，了解衢州，从而扩大衢州的国际影响力。

3. 快乐购

以南孔圣地城市品牌、中国儒学馆为载体，提升"南孔圣地·衢州有礼"影响力和辐射力，大力开发衍生旅游产品，丰富游客的购物选择。要以市场为导向，将历史与现代融合，创新性地开发文创商品，将文创商品做精做好。

4. 南孔宴

以增强游客美食体验和市民休闲就餐为重点，深入发掘、培育南孔家宴。孔子"食不厌精，脍不厌细"的古训向来被奉为中华饮食文化的精髓。目前，我们也在联系和开发南孔家宴、南孔家酒等，使其成为衢州的品牌。

5. 衢州宿

以精品酒店、特色民宿为重点，根据南孔特色文化，打造南孔儒学主题房，加强宣传推广力度，融合特色历史文化，提升住宿品质，吸引更多外地游客及商务旅行宾客在衢州留宿。

6. 儒学游

以南孔圣地城市品牌、中国儒学馆、衢州博物馆、北门历史文化街区、水亭门历史文化街区景区等为重点，制定特色南孔文化旅游线路，加快策划推出一批富有特色的南孔文化旅游活动项目，服务本地市民，吸引外地游客。2023年9月，我们举办了"南孔文化周"，除祭祀活动之外，还开展一系列的南孔文化活动，以此为契机，形成独具特色的南孔节庆常态活动。

7. 圣人读

以南孔爷爷书屋、中国儒学馆为依托，打造圣人读书品牌，使南孔圣地、书香衢州深入到老百姓当中，满足市民个性化消费需求。

8. 专家授

邀请国内外有名的该领域专家学者来到衢州"坐而论道"，开办各种形式的理论研讨会，形成理论研究系列文献、研究成果等，并将研究成果通过国内外知名的媒体进行传播扩散；与国家汉办加强联系和资源互通，使南孔文化走向世界，最终从"盘景"变"风景"，成"全景"。

（二）精神要素

1. 见利思义的价值取向

《论语》中，多次出现了君子关于"利"和"义"的描述。"利"体现了君子的金钱观，而"义"则体现了君子的道德追求，"利"和"义"的结合，可以从两个层面理解，一方面体现了君子对于物质利益和道德追求的价值取向，另一方面体现了君子对于个人利益和社会利益的抉择。其主要表现是安贫乐道的生活态度、见利思义的行为准则和取之有道的践行方式。

2. 宽容和善的处事智慧

在为人处世方面，《论语》也给君子赋予了内涵。首先，君子和君子之间的交往是淡如水的。这就要求君子本身要待人谦逊，文质彬彬，言行有礼，知识涵养与质朴诚恳配合得当。其次，在朋友的选择上，"无友不如己者"，君子会以文会友，选择同道中人，并以友辅仁，共同进步。当然，在人际交往中，身边不可能皆为君子，也不可能皆是同道中人，必然会遇到与自己意见相左、性格不一、道不同的人。这时候，君子会选择"和而不同"的处事方法。"和"为和谐共处，包容和善，互相尊重。"同"为盲从附和，同流合污。世上一切事物都是不同因素和成分和谐共存的产物，"和而不同"是在肯定差异的基础上追求和谐，宽容不同并心存良善。而"同而不和"则是偏执的追求相同，消除差异。君子的处世智慧，包含了为人、交友的选择，面对不同情况的态度。这种处世智慧，体现了同他人、同社会、同自然的和谐追求，也肯定了个人的独特个性和精神自由。

3. 仁智勇的德行追求

孔子在《论语》中明确指出，"仁""智""勇"是君子必备的三达德。"仁"是孔子思想的基石，也是君子最核心的德行准则。在《论语》中，关于"仁"的表述达到一百零九次之多，其主要的含义有三种：一为"人"；二为"仁人"，即有仁德的人；三为道德标准。仁、智、勇三达德，即使到现在，依旧是人们追寻的高尚德行，有普遍的推广价值。三者相辅相成，合为一体。仁为根本，进取好学，智勇双全，知者知仁，勇者行仁。

4. 修己安人的社会责任

"子路问君子。子曰：'修己以敬。'曰：'如斯而已乎？'曰：'修探讨儒学文化与城市精神。

2. 对自然有礼，打造最佳生态环境

衢州"礼"待自然，将城市品牌与打造最佳生态旅游目的地城市深度融合。尊重、保护、珍惜衢州的生态环境，以"活力新衢州、美丽大花园"为战略目标和发展愿景，因地制宜推动生态旅游和生态运动产业发展，实现产城人文融合发展，城市繁华和乡村秀美相得益彰。一是抓环境治理，高标准打造生态屏障。衢州是全国首批"绿水青山就是金山银山"实践创新基地和全省唯一的"两山"实践示范区，钱江源国家公园是华东地区唯一的国家公园体制试点。衢州率先在全市域推进"五水共治""四边三化""三改一拆"，认真做好环保督察问题整改。全面打响治气攻坚战、治水长效战、治土（治废）持久战"三大战役"。"五水共治"连续五年夺得了"大禹鼎"；2019 年市区 $PM_{2.5}$ 浓度下降到 33 微克/米^3、稳定达到国家二级标准；全市地表水环境功能区达标率 100%，地表水水环境质量变化率全省第一。统筹推进"山水林田湖草"系统保护，全面推进生态建设与修复，持续优化生态环境，"保值增值"绿色资产，与桃花源生态保护基金会签订合作协议，在衢江区千里岗自然保护区、江山市仙霞岭保护区外围和龙游高坪桥水库水源保护区，分别探索保护地共同治理、公益治理和社区治理模式，合力用科学的方法和商业的手段使自然生态得到长期有效保护。为推动跨区域自然生态保护和利用，积极参与浙皖闽赣国家生态旅游协作区谋划建设。建立工业项目决策咨询服务机制，否决、关停不符合生态规定的化工企业（生产线）、低小散企业。2018 年，衢州成为全国水生态文明城市、省级生态文明建设示范市。二是抓花园建设，高质量实现拆墙透绿。衢州被省委、省政府明确为浙江大花园建设的核心区，进一步找准自身定位，全力打造长三角的大花园、后花园。以大花园建设为统领，努力培育花园式环境、花园式产业、花园式治理，打造自然的花园、成长的花园、心灵的花园。2018 年，衢州以总分第一的成绩，荣获联合国"国际花园城市"称号。衢州按照努力把生态优势转化为特色产业优势的要求，全力打造乡村振兴大花园。通过系统重构乡村振兴大花园建设体系，推进产村人文融合发展，加快把生态优势转化为发展优势，把美丽环境转化为美丽经济。衢州努力打造一座"拆墙透绿"的城市，将封闭式机关大院变成向百姓开放的敞开式场所，与大花园融为一体，真正实现"让绿与民，让路与民"。2019年，创新推出"推倒政府院墙"开放食堂、开放停车"两放两开"，推出了18元政府食堂的衢州特色美食套餐，同时免费开放了68个机关事业单位的3500个停车位，《人民日报》、新华社、央视、澎湃新闻、《新京报》等近百家媒体关注报道，百度搜索结果达到3240万；连续举办11场礼乐·草原音乐会，共吸引10万余人次市民游客亲近大花园现场观看，线上观看流量突破2860万。三是抓生态旅游，高水平打造有礼风光。衢州坚定不移地走绿色发展、转型发展之路，将全市域作为一个大景区来打造。突出建设"大花园+大平台""目的地+集散地""重大交通基础设施+重大公共服务配套设施"，加快构筑"国家公园+美丽城市+美丽乡村+美丽田园"空间形态。推动自然生态资源和社会人文资源产业化开发。大力创建国家全域旅游示范区，

举办首届浙皖闽赣国家生态旅游协作区推介会，全面融入钱塘江诗路文化带、浙西南生态旅游带和浙皖闽赣生态旅游协作区建设，大力发展旅游、健康、养老、文化、体育等幸福产业，重点打造"衢州有礼"诗画风光带，并成为全省唯一的全域纳入诗路文化带主线城市，南孔古城入选浙江省首批诗路旅游目的地。以文旅融合发展为新契机，推出"南孔圣地·衢州有礼"为主题的"全球免费游衢州"升级版，向全球游客送上衢州之礼。2019年，14个核心免费景区共接待海内外游客483.73万人次，全市旅游接待游客7869万人次，旅游总收入595.78亿元，同比增长5.57%和12.00%。创新研学游等文旅融合产品，打造30家衢州市研学实践教育基地、营地，形成11条有礼研学线路，参观人数逐年递增，仅南宗孔氏家庙2019年参观人数就达13.7万人次。并争取实现AAAAA级景区县（市、区）全覆盖，努力打造"诗画浙江"中国最佳旅游目的地和世界一流的生态旅游目的地。

3. 对社会有礼，倡导文明生活方式

衢州将"有礼"与全国文明城市创建、中国营商环境最优城市建设、

中国基层治理最优城市建设等深度融合，让人人有礼、处处有礼蔚然成风，让人民群众的获得感、幸福感、安全感更加充实、更有保障。一是着力创建全国文明城市，培育"有礼"衢州市民。做实做透"文化+文明"文章，制定出台《衢州有礼市民公约》20条，实施园丁计划八大行动，致力打造"衢州文明有礼"升级版，坚持把"有礼"与全国文明城市创建工作紧密结合，启动开展一座"车让人""烟头不落地""自觉排队""使用公筷公勺""行作揖礼""不随地吐痰""没有牛皮癣""拆墙透绿"等"八个一"城市打造。推行"使用公筷公勺""行作揖礼""不随地吐痰"，在新冠肺炎疫情防控中发挥了重要作用，更是在开展的"千村修约"中被写入了1589个行政村、社区的村规民约和居民公约，引领文明有礼新风尚。创新推出了"有礼指数"测评体系，对各县（市、区）和市直机关单位的文明有礼进行暗访测评、定期公布，赢得全市群众广泛共鸣。制定"有礼"行业服务规范，创新开展"文明从有礼开始"、"有礼涂鸦大赛"、"有礼车贴"、"有礼护照"、"小锦鲤"志愿活动等，引导市民树立文明有礼理念，累计招募"小锦鲤"文明实践志愿者55.5万人，服务时长达455万余小时。依托《请人民阅卷》等舆论监督栏目，点赞"有礼"，曝光"失礼"，累计播出有礼红榜65期，失礼黑榜49期，实名制曝光打脸各类不文明现象。加大"有礼衢州人""有礼之星"选树宣传，全市选树193名"最美衢州人"。完善信用体系建设，推出"信安分"，让"有礼"弥漫在空气中、浸透在灵魂里、体现在细微处，成为每个人的自觉行为。二是着力打造中国营商环境最优城市，营造"有礼"城市环境。衢州礼遇客商，让"有礼"成为营商环境的核心元素，塑造政策优惠、政府高效、服务亲民的城市软环境。以"现代化治理"为理念，建立全面系统的营商环境建设生态架构体系，制订促进民营经济高质量发展30条，构建四大政策体系，破解企业各项难题。建设涉企政策服务平台，实现政策兑现"一站式"办理，为投资者送上最实惠的"政策之礼"。以"数字化转型"为引擎，深化"最多跑一次"改革，推进"互联网+政务服务"和"互联网+监管"，优化流程，共享数据，引入信用。衢州市本级3000项政务服务事项，已全部实现"最多跑一次"，已实现"无差别全科受理"事项2100项，归集41个市级部门55亿多条数据，完成对接66个国部级、省级系统和所有市级系统，通过数据共享减少材料50%以上；市本级民生事项100%实现"一证通办"，2800个事项实现"零跑腿"，2700个政务服务事项实现"掌上办"，实现投资项目审批全流程"最多90天"，实现企业开办全流程"一件事、一日结、零成本"，注销"一件事、一键预约、一揽子办理"。基本建成"无证明办事之城""掌上办事之城"，推广应用"浙政钉"，以部门内"一件事"改革破题，全面提升政府机关运行效能，为投资者送上最便捷的"效能之礼"。以"精准化服务"为落脚，建立"专线+专网+专窗+专班+专门机制""五专"服务机制，全方位受理企业咨询、求助、投诉，建立营商环境投诉求助专窗、政企沟通日等沟通渠道，创新"营商环境观察员"制度，多途径交办督办企业反映问题。市领导带队分网格开展"组团联企"，主动帮助企业解决难题，为投资者送上最完善的"服务之礼"。以最优的营商环境带动大量客商来衢发展，2019年，新设市场主体同比增长33.07%，比全省同期新设市场主体的增长率高出11个百分点，全市招商引资到位资金170.3亿元，较上年增加2.7亿元。三是着力打造中国基层治理最优城市，弘扬"有礼"衢州精神。衢州"礼"治社会，将"有礼"与打造中国基层治理最优城市深度融合，以"有礼"助推市域治理现代化走在前列。着力构建"四大五加"的体系架构和"主"字形的运行架构，坚持"统筹整合联动、跨界打通融合、扁平一体高效"的理念，形成齐抓共建的治理格局，加快推进传统县域治理向现代市域治理转变；将"有礼"全面融入政治自治德治法治智治"五治融合"，提高市域治理体系和治理能力现代化水平；创新发展新时代"枫桥经验"，形成"三联工程""周二无会日""红色网格联队""红色物业联盟""红手印""村情通"等衢州特色品牌，深化"基层治理四平台"建设、"最多跑一次""最多跑一地"改革向基层延伸等，全市财政拿出2.69亿元保障网格运行，1000余名市县部门派驻人员下沉为乡镇"平台干部",全面推广"村情通+全民网格"式的治理模式,家庭覆盖率达80%以上,群众通过手机即可参与村务管理,打通基层治理"最后一米",被评为"浙江省公共管理创新案例十佳创新奖"。发挥出各级党组织在治理中的核心作用,化解矛盾,弘扬"有礼"精神,并在全国率先推行乡镇机构模块化运行改革,让人民群众的获得感、幸福感、安全感更加充实、更有保障、更可持续。

4. 对未来有礼,发展幸福智慧产业

衢州把握未来发展趋势,顺应互联网时代、高铁时代、消费升级时代,加大对外开放协作力度,大力发展美丽经济幸福产业、数字经济智慧产业,展现对未来之礼。一是把握未来趋势,为城市抓牢新机遇。衢州围绕"规划+规则、布局+格局、干事+用人、发展+治理",确立了"1433"发展战略体系,形成了一揽子抓落实的具体方案,既描绘了新时代衢州发展的美好蓝图,又明确了落实战略体系的重点任务。牢牢抓住高铁时代的衢州机遇,积极融入杭州都市圈。坚持把区域开放作为最大的改革,以交通为先导,依托"空、铁、公、水"四位一体的现代立体交通网,着力打造浙江对内开放的桥头堡;积极融入杭州都市圈和长三角一体化发展,成为杭州都市圈6个城市和长三角经济协调会34个城市中的一员。牢牢抓住消费升级时代的衢州机遇,大力发展美丽经济幸福产业。紧紧围绕衢州深厚的文化底蕴、一流的生态环境,重点关注人们对健康快乐幸福、精神文化生活的需求,把生态优势转化为发展优势,把美丽环境转化为美丽经济;同时,大力培育新经济新动能,积极谋划创建浙皖闽赣四省边际生态旅游协作区,区域协同、优势互补,共同打造文旅文创大产业。二是发展智慧产业,为城市创造新业态。衢州牢牢抓住互联网时代机遇,大力发展数字经济智慧产业。着力打造"全国数字经济第一城副中心城市",吸引阿里、中兴、网易、安恒、智网科技、深兰科技等互联网领军企业落户衢州,带动衢州数字经济快速发展,2019年数字经济核心产业增加值49.72亿元,按可比价计算比上年增长15%。率先发展智慧治理的技术支撑,建成全国标杆意义的"雪亮工程",被评为全国政法智能化建设"雪亮工程十大创新案例",各项实战应用已在市县乡村网格五级同步推广。衢州和阿里公司合作成立中国基层治理数字化研究院、共建"城市数据大脑2.0",被国家发改委列为重大工程支持项目,构建形成了"雪亮工程"+"城市数据大脑2.0"的市域社会治理"神经中枢",在新冠肺炎疫情防控中,运用大数据"找到人"、大系统"管住人"、大平台"看好门"和大网格"守好门",为打赢新冠肺炎疫情阻击战提供强有力保障。通过数字技术与政府履职全面融合,全力提升城市治理体系和治理能力现代化水平,推动企业办事从"线下办"到"线上办"进而"掌上办",使群众办事更便捷;全面应用智慧监管平台,努力做到"服务零距离,监管不扰民",让政府运行更高效。三是推动有礼业态,为城市注入新动能。整合资源,建立有礼品牌体系。注册"南孔圣地·衢州有礼"城市品牌标识、吉祥物图形商标,引导和鼓励企业申请使用"南孔圣地·衢州有礼"商标,加大商标培育、保护、监管力度。提升有礼产业融合,坚持"1+N"发展理念,从标准化、品牌化等方向推进"南孔圣地·衢州有礼"品牌与产业深度融合、整合优化,以城市品牌的知名度和丰富的文化内涵,为各类产业赋能升级,构筑产业生态,形成整体竞争力,2019年,全市生产总值1573.51亿元,比上年增长6.7%。打造衢州有礼文化产业发展平台,以城市品牌统领"三衢味""钱江源"等现有品牌资源,以农特、文创产品为突破口,逐步向文化产业、文创产业、文旅产业等拓展延伸,带动文化产业提升,规模以上工业文化制造业增加值增长17.2%。开设"衢州有礼"专店专柜,扶持关联产业和企业发展,形成资源共享、产业集成、分工协作的"衢州有礼"产业品牌体系,带动全市网络销售大幅提升,2019年网络零售额246.5亿元,增长39.9%。举办"礼遇衢州"文创设计大赛,遴选优秀作品改进转化为城市礼品,实现了创意、南孔文化和城市品牌有机融合;建立了"南孔圣地·衢州有礼"特色礼品体系,衢州有礼系列文创衍生产品大获好评。此外,还结合大数据应用推出人工智能、VR、AR、作揖礼等技术表现形式,让城市品牌展示活化。

（四）语言和象征符号

君子思想

君子思想最早见于我国古老经典，后经孔子改造与设计、孔子后学的充实而成为象征仁礼兼备、修己安人、慎独而中庸、厚德载物的理想人格，深刻塑造了中华民族的精神。南宋以后，孔氏后人南迁入衢，形成了以衢州孔氏家庙为物化象征、以儒家思想为核心的孔氏南宗文化，君子思想由此在三衢大地生根发芽，为当地礼仪人文教化作出了不可磨灭的贡献，推进了衢州的"人文有礼"，是今天"衢州有礼"的思想活水。

二、核心基因提取与评价

基于对材料的全面、深入分析,得出南孔圣地城市品牌的核心基因:"见利思义、宽容和善、仁智勇、修己安人的君子精神"。

南孔圣地城市品牌核心文化基因评价依据

评价项目	评价因子	评价依据(特点)	是否
生命力评价	文化基因存续的时间	自出现起延续至今,未曾明显中断	√
		自出现起延续至今,但多次衰微、中断后复兴	
		曾明显衰败,改革开放后开始复活复兴或历史溯源关键环节缺失,难以考证	
		文化形态主体已灭失,现存部分痕迹	
	文化基因的稳定性	在发展过程中保持相当稳定的状态	√
		在发展过程中存在明显的精神内涵、表现形式剧变	
凝聚力评价	文化基因的凝聚力及社会动员效果	曾广泛凝聚起区域群体的力量,显著推动过社会经济文化的发展	√
		曾部分凝聚起区域群体力量,对社会经济文化的发展产生过影响	
		凝聚过力量,创造过实际的发展动能,但未见对社会经济文化发展产生显著改变	
		仅在历史文献或口耳相传中存在,未见实际介入社会经济发展	

续表

评价项目	评价因子	评价依据（特点）	是否
影响力评价	辐射的范围	具有全国性、世界性的影响力	√
		具有长三角区域、浙江省影响力	
		具有市县、乡镇影响力	
	提炼的高度	已经被古代文人士大夫和当代学者提炼为精神符号和理念理论	√
		单纯的样式、造型、工艺技术规范	
发展力评价	与当代精神追求和价值观念的契合	传统文化基因得到创造性转化、创新性发展；区域革命文化基因被完整继承、广泛弘扬；区域社会主义先进文化基因成为与浙江"三个地"相适应的文化高地	
		部分转化、部分弘扬、部分发展	√
		难以转化、难以弘扬、难以发展	

说明：基因特点评价是对解码出来的基因，根据本《导则》表2的要求，围绕"四个力"逐一对表打"√"，进行定性表述

（一）生命力评价

儒学作为中华民族传统文化的重要组成部分，君子思想作为儒学的重要组成部分，在中华文明中传承了几千年，基于在全面建设社会主义现代化国家进程中推进实践创新、理论创新、文化创新的需要，应对其进行现代化转化，赋予其新鲜的生命力和活力。在中华民族传统文化典籍中，有关君子的论述不胜枚举，古今中外学者对于君子的研究也从未中断。孔子面对礼崩乐坏的春秋乱世，创造性地为"君子"赋予了新的内涵。生命力强大。

（二）凝聚力评价

君子不像圣人般高不可攀，又并非唾手可得，是社会大众的道德标杆。冯友兰就曾在新理学中提出：要衡量一个社会是

否稳定与风气好坏，君子的数量可以作为衡量标准。站在新起点，进入新时代，在改革开放取得重大成就的今天，中华民族从站起来、富起来到强起来，中国特色社会主义从创立、发展到完善，中国人民从温饱不足到小康富裕，君子生存的外部环境愈趋光明，由君子组成的和谐社会未来可期。凝聚力强大。

（三）影响力评价

孔氏南宗落户衢州之后，孔子文化、儒家文化开始在衢州等地扎根，诗礼教化之风渐成，一批又一批的君子脱颖而出。儒风习习千年，崇德向善的君子精神、淳朴仁礼的人文之风已成为衢州的文化风尚。"南孔圣地·衢州有礼"正是对这一文化风尚的时代定义，是衢州历史、文化、时代的一个交汇点。影响力巨大。

（四）发展力评价

党的十九大报告指出，培育和践行社会主义核心价值观的着眼点是培养担当民族复兴大任的时代新人。不论是建设"富强、民主、文明、和谐"的国家，还是建设"自由、平等、公正、法治"的社会，决定性因素都是人，根本是人的思想建设、灵魂建设。时代新人应当具备"爱国、敬业、诚信、友善"的品质，以荣辱观为道德基础，有正确的世界观、人生观、价值观。时代新人应当在有自信、尊道德、讲奉献、重实干、求进取等方面，有新风貌、新姿态、新作为。中国优秀传统文化是社会主义核心价值观的重要源泉。换而言之，社会主义核心价值观在一定程度上是对中国封建社会"仁、义、礼、智、信"核心价值观的批判继承。君子精神与"爱国、敬业、诚信、友善"的个人要求和社会主义荣辱观的道德基础均有着一致性和包容性。以热爱祖国为荣、以危害祖国为耻与"仁以为己任"的社会担当，以服务人民为荣、以背离人民为耻与"民为贵"的民本思想，以崇尚科学为荣、以愚昧无知为耻与批判怪力乱神、崇尚好学的思想，以辛勤劳动为荣、以好逸恶劳为耻与自强不息的进取精神，以团结互助为荣、以损人利己为耻与己所不欲勿施于人、君子成人之美的处世智慧，以诚实守信为荣、以见利忘义为耻与信以为先、义以为上的价值取向，以遵纪守法为荣、以违法乱纪为耻与克己复礼的立身要求，以艰苦奋斗为荣、以骄奢淫逸为耻与安贫乐道的生活态度，均可相互贯通、互为丰富。发展力强大。

三、核心基因保存

"见利思义、宽容和善、仁智勇、修己安人的君子精神"作为"南孔圣地城市品牌"的核心基因,文字资料保存于《论语》《南孔圣地城市品牌策划书》等文献中。

思鲁阁

南孔文化　南孔文化基因

思鲁阁

思鲁阁位于衢州孔氏家庙西轴线北首，孔洙所建，二层楼房，是家庙最有特色的建筑。三开间二层单檐建筑，二坡顶硬山式结构，前檐上下层皆有廊庑。阁上供奉孔子及亓官夫人楷木像，阁下立孔端友勒石据吴道子稿本摹刻的先圣遗像碑。

一、要素分解

（一）物质要素

1. 扈跸南渡的历史背景

南宋建炎二年（1128）秋，宋高宗于扬州行宫郊祀，孔子四十八世嫡孙、衍圣公孔端友及从父、中奉大夫孔传奉诏侍祀。嗣后，金兵大举南下，锋芒直指淮扬，高宗君臣仓皇南渡。在孔传的支持下，孔端友奉端木子贡手摹"孔子及亓官夫人楷木像"、唐吴道子绘先圣遗像、北宋政和年间所颁铜印等，率近支族属扈跸而南，辗转数千里，于建炎三年（1129）到达今浙江衢州。宋高宗驻跸临安后，孔端友携从父孔传等谒阙上疏，叙家门旧典及离祖丧家之苦，因功赐家衢州，以奉楷像。南渡的孔子后裔遂在衢州安家落户，孔氏遂有南北宗之分。此后，孔氏族人因仕宦、游历等原因，迁居各地，形成了众多支派。在近900年的历史中，孔氏南宗逐渐形成了内涵深厚、特色鲜明的文化，而孝文化则是其重要内涵。孔氏族人孝亲敬长，敦伦睦族，以传承诗礼、明道弘道为志向，族内呈现出昭穆有序、和谐融洽的气象，成为孔氏南宗振兴与发展的基础与保障。

2. 孔洙建思鲁阁

孔洙，孔子五十三世嫡孙。南宋末代衍圣公。衢州孔氏家庙创始人。宋元政权更迭中，完美运用儒家智慧，从容应对威逼利诱，恪守忠孝节义，保全孔子家族，"孔洙让爵"典故流传至今。孔洙，字思鲁。建此阁，寄托南宗族人怀念故土山东之意。

3. 能工巧匠辈出

当时的衢州经济和社会事业较为发达，周边的东阳帮手工艺人早已名闻天下。

4. 材料充沛，工具齐备

衢州多山区，木材资源充沛，木匠众多，工具种类繁多，如木工需采用的曲尺、丈杆、斧头、锯子、刨子、凿子、墨斗等。

（二）精神要素

1. 慎终追远的精神

孔氏族人南渡以来珍视家族文物，思念鲁地，赴鲁会族，祭孔、祭祖活动等，均可以看作是追远之思的表现。

2. 南孔族人强烈的思乡之情

从思鲁阁的取名来看，充满了强烈的思乡之情。孔氏南渡以来，一直对曲阜怀着深切的思念，于是有了家庙的思鲁阁，有了族人远赴曲阜拜谒林庙、会叙族属之举，有了孔克准请人作《鲁林怀思图》之事。

（三）制度要素

1. 供奉孔子行教像碑

孔子行教像碑供奉于思鲁阁一楼，供世人瞻仰。

2. 供奉孔子及亓官夫人楷木像

孔子及亓官夫人楷木像旧时奉在思鲁阁下，今移奉阁上，供世人瞻仰。

（四）语言和象征符号

简朴无华的建筑结构和装饰意趣

思鲁阁，是家庙最有特色的建筑。三开间二层单檐建筑，二坡顶硬山式结构，前檐上下层皆有廊庑。从建筑规制来看，其具有重要地位。但纵观单体建筑，却不见颇具等级制意味的构件——斗拱。这与曲阜孔庙大成殿内外檐的遍施斗拱，同属江南的海宁盐官海神庙、绍兴禹庙，甚至衢州周宣灵王庙等民间庙宇建筑的遍施斗拱有显著不同。在装饰方面，衢州、金华地区在明清时，民间建筑大量采用各类木雕艺术构件，使得建筑富丽堂皇，满目生辉，具有很好的装饰效果。而思鲁阁则不然，除檐口略作装饰外，室内几乎不见木雕装饰构件，柱、梁、檩、枋等皆简洁无饰，充分体现一个"朴"字。而作为一种礼制建筑，思鲁阁更多地体现了儒家的传统思想，反映了儒家的礼治思想和宗法伦理道德的观念。

二、核心基因提取与评价

基于对材料的全面、深入分析，得出思鲁阁的核心基因："慎终追远的精神""南孔族人强烈的思乡之情""简朴无华的建筑结构和装饰意趣"。

思鲁阁核心文化基因评价依据

评价项目	评价因子	评价依据（特点）	是否
生命力评价	文化基因存续的时间	自出现起延续至今，未曾明显中断	√
		自出现起延续至今，但多次衰微、中断后复兴	
		曾明显衰败，改革开放后开始复活复兴或历史溯源关键环节缺失，难以考证	
		文化形态主体已灭失，现存部分痕迹	
	文化基因的稳定性	在发展过程中保持相当稳定的状态	√
		在发展过程中存在明显的精神内涵、表现形式剧变	
凝聚力评价	文化基因的凝聚力及社会动员效果	曾广泛凝聚起区域群体的力量，显著推动过社会经济文化的发展	√
		曾部分凝聚起区域群体力量，对社会经济文化的发展产生过影响	
		凝聚过力量，创造过实际的发展动能，但未见对社会经济文化发展产生显著改变	
		仅在历史文献或口耳相传中存在，未见实际介入社会经济发展	

续表

评价项目	评价因子	评价依据（特点）	是否
影响力评价	辐射的范围	具有全国性、世界性的影响力	√
		具有长三角区域、浙江省影响力	
		具有市县、乡镇影响力	
	提炼的高度	已经被古代文人士大夫和当代学者提炼为精神符号和理念理论	√
		单纯的样式、造型、工艺技术规范	
发展力评价	与当代精神追求和价值观念的契合	传统文化基因得到创造性转化、创新性发展；区域革命文化基因被完整继承、广泛弘扬；区域社会主义先进文化基因成为与浙江"三个地"相适应的文化高地	√
		部分转化、部分弘扬、部分发展	
		难以转化、难以弘扬、难以发展	

说明：基因特点评价是对解码出来的基因，根据本《导则》表2的要求，围绕"四个力"逐一对表打"√"，进行定性表述

（一）生命力评价

"慎终追远"是中国孝道文化的一项重要内容，也是中华民族高度智慧的结晶，它通过对严父的崇敬，进而对祖先的崇拜，形成一种"礼教"的形式，不仅培养了农耕文明所需要的温柔敦厚人格，也从制度上凝聚了全体国民的向心力，使中华民族从"祖先认同"走向了"民族认同"。

（二）凝聚力评价

中华民族数千年来一直稳定为一个统一的大家庭，这种凝聚力和向心力的形成，慎终追远的祖先崇拜，应该说是具有决定性影响的。思鲁阁常年供奉着孔子行教像碑与孔子及亓官夫人楷木像，供世人瞻仰，充分体现了慎终追远这一理念。其基因具有强大的凝聚力。

（三）影响力评价

"慎终追远"是中华民族高度智慧的结晶，它不仅为农耕文明需要的道德教化找到了一条捷径，也为中华民族向心力的形成和大一统体制的形成奠定了基础，还为个体生命的精神寄托找到了温馨而永久的终极关怀。可以说，无论是在中国文化还是世界文化的背景下，都没有任何一种文化理念有如此广泛而持久的影响力。时至今日，我们只要看看清明祭扫的盛况，就不难体察其影响力的深入人心。

（四）发展力评价

曾子曰："慎终追远，民德归厚矣。"传统中，中国人相信，祖先和逝去的亲人并没有离开，他们的在天之灵永远和我们同在。祖先在中国人的心目中最神圣，中国人爱国主义思想在很大程度上有敬祖的含义，这种含义深入我们的骨髓，铸就了一种具有强烈责任感的民族精神：行事为人要对得起天地良心，绝不能辱没祖先。国人在清明等重要节日、重要时刻要祭祖祭陵，集中体现了中华文化的虔诚崇敬祖先的情结和讲感恩、不忘本的强烈道德感。发展力强大。

三、核心基因保存

"慎终追远的精神""南孔族人强烈的思乡之情""简朴无华的建筑结构和装饰意趣"作为"思鲁阁"的核心基因,文字资料保存于明代《诏建衢州孔氏家庙碑》、《中国建筑艺术全集》、《中国古代建筑史》、《中国古建筑文化之旅》等文献中,实物材料保存于衢州思鲁阁。

《袁氏世范》
南孔文化 南孔文化基因

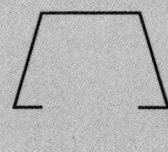

袁氏世范

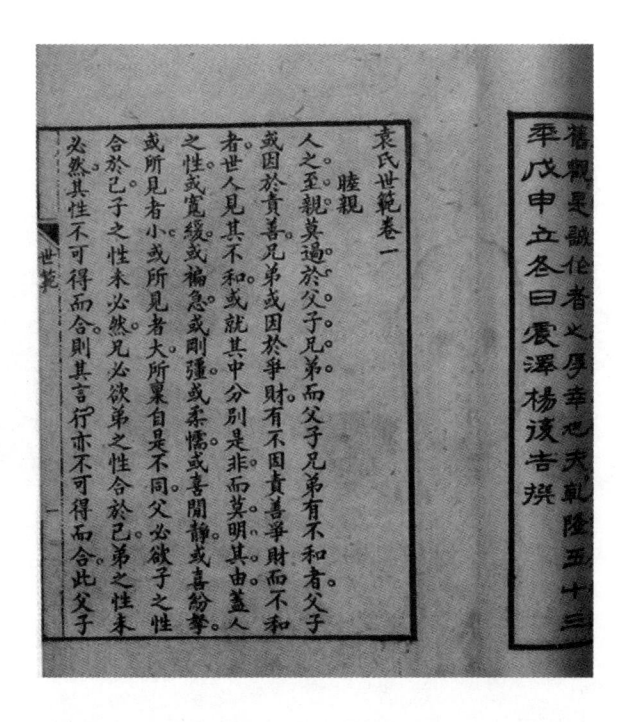

中国家训文化源远流长，是中国传统文化的重要组成部分。以教导语录、蒙学篇章、世范家规、箴言训诫等为主要内容的家训文化，以"教家立范""提撕子孙"为宗旨，涉及家庭生活乃至社会生活的方方面面，既有父母对子女的训示教诲，也有兄弟、子侄、夫妻等各种关系的亲和准则，还有忠君孝亲、治家处世的经验传授。所有这些对培养家庭成员具有符合社会规范要求的行为，形成固定的文化心理、价值观念都起到了巨大作用，从而使家训文化的教化功能为古代社会"修齐治平"的政治目标的实现和理想人格的塑造提供了坚实的基础。宋代袁采所作的《袁氏世范》是继《颜氏家训》之后又一部影响较大的家训著作。全书包括《睦亲》《处己》《治家》三卷，内容针对性强，情感真挚，剖析入理。后世以"其书于立身处世之道反覆详尽"，"大要明白切要，使览者易知易从"，故有《颜氏家训》之亚的美誉。虽然此书出于古代社会，其伦理规范针对传统家庭，但对现代家庭伦理道德建设仍大有裨益，是不可多得的家教及家庭伦理文化资源。

《袁氏世范》的作者袁采，曾任职于乐清县。他为官清正廉明，颇有政绩，在当政期间不光注重自身的修为，而且严格规范家庭成员的品德言行。他的家训著作突破了前人以"典正"教化作为家训规范核心的传统模式，充分突出"训俗"教化的特点。

一、要素分解

（一）物质要素

1.《袁氏世范》

《袁氏世范》共三卷，分为《睦亲》《处己》《治家》，全面系统地论述了封建家庭的伦理关系、治家方法、子弟的身心修养与为人处世之道。第一卷《睦亲》共六十则。在这部分中，袁采没有说教式地列出一些条文规则，而是从人们的不同性情及思考方式入手，深入分析造成家庭失和的原因，具体谈论了父子、兄弟、夫妇、子侄、妯娌等各种家庭成员之间的关系处理问题，详细分析了家人不和的原因、阐明了家族人员如何能够和睦相处的各种准则，涉及饮食服饰、家产分配、议亲嫁娶、寡妇再婚、男女轻重、立嗣养子、赡养葬祭、住婢贤愚、家务料理、周济亲属等家庭关系的各个方面。第二卷《处己》共五十五则，在这部分中，袁采对家人子弟阐述了立身处世的方法，在如何提升自身修养方面也向世人提出了很多忠告。具体谈及立身处世、言行举止、交友之道、人生必经的富贵贫寒、成败荣辱、勉善谏恶、亲故疏密、接济孤寡、礼待相邻等方面。第三卷《治家》共七十二则，虽然也设计了一些家庭管理方面的内容，但更加完整详尽地讲析治家经验，从宅基选择、房屋起造、高后墙垣、周密藩篱、防火防盗、纳税应捐、别宅置妾、雇请乳母、役使仆婢、厚待佃户、借贷粮谷、分明地界、签订契约、修桥补路、种植桑果、饲养禽畜等方面阐述，要求极其具体，范围非常广泛。

2. 主要版本

现存《袁氏世范》的版本如下：

（1）清乾隆五十五年（1790）长塘鲍氏刻本重印。

（2）清光绪二十一年（1895）刻本，《清麓丛书》本。

（3）民国十七年（1928）上海青年协会书局缩微品。

（4）民国二十八年（1939）长沙商务印书馆《黑心符》（缩微品）。

（5）明万历刻本，《格致丛书》本。

（6）清文渊阁《四库全书》本。

（7）清光绪十年（1884）津河广仁堂刻本。

（8）清光绪八年（1882）岭南芸林仙馆刻本。

（9）清道光十五年（1835）刻本，《青照堂丛书》本。

（10）清乾隆五十九年（1794）袁氏与善堂刻本。

（11）清顺治间刻本。

（12）明末《垂世教言》抄本。

（13）民国十一年（1922）上海文明书局石印本。

（14）日本嘉永三年（清道光三十年，1850）浪华书肆前川文荣堂刻本。

（二）精神要素

1. 教于幼、不废学、使有业的教子成人理念

在中国传统教育体系中，处于基础地位的家庭教育，既与治国平天下的政治要求相联系，也是个人修身向善、成圣成贤的基本保证。古代家庭教育的内容和方式是多方面的，"蒙以养正"则是其基本理念，主张教育应从幼年开始，以养成良好的习惯。在孩子的成长过程中，家长教育子女掌握一定的文化知识，以为将来从事某种职业进行知识的储备。《袁氏世范》在这方面就有着独到的见解，并使其进一步完善和系统化。首先，教子当在幼。因为人在幼年时期，天真质朴，最容易被外界因素濡染感化，人的道德水准与其幼年时期所受到的训教程度有直接的关系。其次，子弟不可废学。家庭教育发展到宋代已近于成熟，其表现在家教的形式和内容都有很大发展，尤其是为学求知观念深入人心，宋代及其前后出现的如《千字文》《百

家姓》《三字经》等诸多童蒙识字教材的普及即可说明这一点。幼则施教，长不废学，目的是为从事一定的职业作准备。人固定于某种职业，既可使家庭殷实不衰，又利于社会的稳定。在传统社会安身立命的观念中，既强调干一番轰轰烈烈的事业，又警示人们更要脚踏实地，不好高骛远。对职业、家业的重视，表明此为立身的基础。袁采认为："人之有子，须使有业。贫贱而有业，则不至于饥寒；富贵而有业，则不至于为非。"

2. 均爱、诚敬、公心的协调家庭关系准则

父母子女之间的关系是家庭关系的核心，父慈子孝是古代家庭伦理的首要原则，但在家国同构的宗法社会中，父权家长制在家庭关系中始终占据着主导地位，因而传统家庭中诸多负面因素的存在也由此衍生。《袁氏世范》更多地赋予了父母子女之间双向约束的意义，较之单纯强调父权权威更具有人道的意义和家庭民主的色彩，提出了更为切近实际生活的家庭成员关系准则。袁氏认为要做到父慈子孝，父子双方都应反思自身，各尽其道。"人之父子或不思各尽其道，而互相责备者，尤启不和之渐也。若各能反思，则无事矣。"善为人子者，方能善为人父，前辈就是后辈的榜样。家庭关系中，除父子关系外，其他如兄弟子侄关系的和谐，也是维系家庭和睦的重要因素。袁氏认为处理好这些关系的基本原则就是宽容、贵和、友爱、公正。兄弟子侄之间应相互谅解，若富者分惠于贫者，加以体恤，贫者亦不作非分之想，也就不会产生争端。

3. 修身向善、克己持德的立身处世原则

修身向善是完善个体人格的基础，又是克己持德的人生实践形式。孔子曾把加强自身修养看成是成贤成圣的重要途径，后代诸贤继承这一思想并加以阐扬以教化世人。在古代，由于学校教育的相对缺乏，不能满足社会的普遍需要，人生实践的初始阶段主要是在家庭中度过的，人的社会化和为人处世知识、经验的获得，最初基本依赖家庭的教育，因而家庭教育对人的成长就显得尤为重要。《袁氏世范》中也特别强调这一点，并使这认识得以深化。首先，袁氏认为人的性格品行各不相同，当以平易之心相待，学人之长，克己之短。其次，悔过自省，改过迁善。《袁氏世范》中强调，即使是圣贤也不可能不犯错误，何况人非圣贤，怎能每件事都做得尽善尽美呢，重要的是"君子惟恐有过，密访人之有言，求谢而思改"。只有不断省察自己，才会少犯错误，不断提高自己。再次，仪范庄重，循理制欲。君子风范是古人所追求的理想人格，虽然主要是道德风范的指称，但也包含着对人的仪态举止的要求。袁氏认为，言貌庄重则有威，个人的威望不在于衣饰的华丽和言语的超凡脱俗，而在于得体与恰到好处。所以他反复强调"衣服不可侈异"，"居于乡曲，舆马衣服不可鲜华"，"妇女衣饰惟务洁净"，反对"于情欲迷而忘返"和荒怠淫逸的生活。但他并不是否定人们的正常欲求，而是要符合常理和道义。

（三）制度要素

合于情理、约以法度的家业管理规范

《袁氏世范》在治家规范上也颇有见地，举凡俭奢、田产、分家、举债、纳税、防盗、防火、侍婢等诸多事宜，于易出差池处屡屡警示，详析其弊害，防患于未然。在田产管理与纳税问题上，《袁氏世范》的突出特点是把道德修养与遵守法度结合起来。首先，田产界限、析户分财应契印齐全、明晰，照章纳税，以免争端。"人有田园山地，界至不可不分明。异居分析之初，置产、典买之际，尤不可不仔细。"其次，富家置产当存仁心。袁氏认为，贫富无定势，田宅无定主，有钱则买，无钱则卖。但买产之家，不可苦害卖产之人。此外，如何对待婢仆、婚姻嫁娶等问题，也是治家的重要内容。袁氏强调，雇佣仆人，要审查清楚其来历，市井浮浪子弟不可蓄留。对待婢仆应以宽恕为本，婢仆有过错，不可随意惩处。

（四）语言和象征符号

1. 尊老爱幼

在我国传统家训中，"尊老""敬老"之类的话语比比皆是，家训中所提出的这类事亲为大的要求是对个人道德修养的基本要求，这种主张在今天看来仍有重要价值。当今社会中由于人口老龄化问题的加剧，家庭组织成员的减少，使得子女在家庭中对老人的赡养面临着生活和经济等方面的压力日益增大。其中也导致家庭伦理关系日益明显地呈现出诸多问题。传统家训以德育为重，非常重视家庭成员在尊亲敬长方面的家庭道德修养，但是现在家庭教育与之相比，其德育教育有弱化趋势，而更多地去追求智育及其他一些功利性较强的教育职能。在这方面，《袁氏世范》可以给我们一些借鉴，袁采主张"教子当在幼"要求从小注意家庭成员道德品质的培养，"孝行贵诚笃""顺适老人意"等强调孝敬老人、遵从家庭血亲伦理的意义。从中我们可以看出，挖掘家训文化中的有价值的资源非常必要。

2. 勤俭持家

勤劳节俭是中华民族的一贯美德，《袁氏世范》继承了传统家训尚勤劳、崇节俭的家庭伦理思想，对当今社会主义家庭伦理道德建设仍有不可忽视的价值。虽然随着我国经济的快速发展，现代人们的生活水平有了很大的提高，但勤俭持家仍是建设现代家庭发展中所必需的。日常生活的方方面面，都应力倡俭朴节约。从家中的每个人做起，勤俭节约，形成良好的家风。《袁氏世范》中的崇俭抑奢思想对培养人们的勤俭意识、树立良好的社会风气都具有重要的借鉴意义。

3. 以和为贵

"居家贵和"是古人和现代人的共识。这里的"和"主要指家庭成员之间互敬互爱，以及与邻里之间的和睦相处。古人居家处世之道中以"和"作为一个基本原则，重视家庭父子、兄弟、夫妇、邻里关系等的处理。虽然与现代相比，家庭的重心、家庭成员的地位等方面都有所不同，但重视家庭成员之间、邻里之间和睦相处却是相通的。以和为贵，表现了中国人宽大为怀、与人为善的美好品德。这些都是我国当前建设现代家庭伦理的基本要求，它与《袁氏世范》等家训著作所阐述的家庭伦理思想一定程度上有着一致性。

二、核心基因提取与评价

基于对材料的全面、深入分析，得出《袁氏世范》的核心基因："尊老爱幼""勤俭持家""以和为贵"。

《袁氏世范》核心文化基因评价依据

评价项目	评价因子	评价依据（特点）	是否
生命力评价	文化基因存续的时间	自出现起延续至今，未曾明显中断	√
		自出现起延续至今，但多次衰微、中断后复兴	
		曾明显衰败，改革开放后开始复活复兴或历史溯源关键环节缺失，难以考证	
		文化形态主体已灭失，现存部分痕迹	
	文化基因的稳定性	在发展过程中保持相当稳定的状态	√
		在发展过程中存在明显的精神内涵、表现形式剧变	
凝聚力评价	文化基因的凝聚力及社会动员效果	曾广泛凝聚起区域群体的力量，显著推动过社会经济文化的发展	√
		曾部分凝聚起区域群体力量，对社会经济文化的发展产生过影响	
		凝聚过力量，创造过实际的发展动能，但未见对社会经济文化发展产生显著改变	
		仅在历史文献或口耳相传中存在，未见实际介入社会经济发展	

续表

评价项目	评价因子	评价依据（特点）	是否
影响力评价	辐射的范围	具有全国性、世界性的影响力	√
		具有长三角区域、浙江省影响力	
		具有市县、乡镇影响力	
	提炼的高度	已经被古代文人士大夫和当代学者提炼为精神符号和理念理论	√
		单纯的样式、造型、工艺技术规范	
发展力评价	与当代精神追求和价值观念的契合	传统文化基因得到创造性转化、创新性发展；区域革命文化基因被完整继承、广泛弘扬；区域社会主义先进文化基因成为与浙江"三个地"相适应的文化高地	
		部分转化、部分弘扬、部分发展	√
		难以转化、难以弘扬、难以发展	
说明：基因特点评价是对解码出来的基因，根据本《导则》表2的要求，围绕"四个力"逐一对表打"√"，进行定性表述			

（一）生命力评价

《袁氏世范》一书承载着宋室南渡初年一名普通地方官员厚人伦、美习俗的道德理想。和睦的家庭关系，以和为贵的修身处世方式，对家族发展的长远考虑和忧患意识，以及畏天命、劝人向善的说教，体现出袁采作为一名地方官员敢于承担社会责任的精神。袁采是儒家道德的宣扬者，但其思想中也融有道法精神，在理学尚处于边缘地带的南宋之初，展现出自己的特色。《袁氏世范》一书充分代表了南宋初年士大夫阶层的思想精神世界。具有强大的生命力。

（二）凝聚力评价

《袁氏世范》一书中体现出的不仅仅有传统家训所一直宣扬的家庭伦理观念，而且其广博的内容大大超出了"家"的局限。袁采所主张的父子兄弟之间的和爱，对于子女的教导及对于父母的孝养，折射出其在一种相对复杂的社会历史环境中努力求得家庭或家族和谐稳定的愿望；其所重视的尽礼思义、力避官司的处世态度，体现出传统儒家一贯的和谐为上的处世思想；其关于家政管理的诸多规劝，代表了宋室南渡以后士人阶层的忧国忧民之心，同时又将这种高尚的责任感具体化为实现一家一族一地的持续兴盛的现实努力；其中关于天命及贫富、善恶、君子、小人的论述，可以反映出深受唐以降儒、道、释三家思想合流影响的士人阶层们，以这种意识为导向而劝人向善。《袁氏世范》中所体现出的一些思想，如对于后世家庭伦理观念的承继，对于个人修身处世态度的养成，对于治家经营方式的完善，对于天理命分的敬畏，在其后世的流传过程中也产生了深远的影响。其中一些思想，即使是对今天的家庭关系、人际交往、居家理财等方面也是有着非常积极的借鉴意义的。凝聚力强大。

（三）影响力评价

作为训俗类文本的代表，《袁氏世范》可以说是朱熹等人以传统古礼为基础的家礼文本的补足。其语言更加浅显易懂、易于领会，思想也较为开明。此外值得一提的是，《袁氏世范》一书对后世有着深远的影响，其后的家训著作大都对该书的内容有或多或少的引用。清代学者汪辉祖将其与《颜氏家训》一起作为必读之书，并在其《双节堂庸训》中多次引用《袁氏世范》中的内容。另外，书中还多有天命、公平、均等等思想特点。综观全书，可以看出生活在南宋初年的袁采，其思想中也带有一些理学的色彩，虽没有达到"为天地立心，为生民立命，为往圣继绝学，为万世开太平"的高度，但也体现出了"注重气节，注重道德，注重社会责任与历史使命的文化性格"。总之，《袁氏世范》一书寄托了袁采"训俗"的理想，其内容全面，见解深刻，通俗易懂，影响深远，确有"范世"之资，名为《袁氏世范》，实不为过。

（四）发展力评价

家训文化是中国传统文化的重要组成部分，《袁氏世范》作为传统家训的一个重要代表，在文化复兴的背景下，其中所体现的一些传统价值观念，对于现代家庭中的子女教育，对于和谐家庭关系的维护，对于社会道德的重建都有着一定的启示作用。具有良好的发展力。

三、核心基因保存

"尊老爱幼""勤俭持家""以和为贵"作为"《袁氏世范》"的核心基因，文字资料保存于袁采《袁氏世范》，徐少锦、陈延斌《中国家训史》，王长金《传统家训思想通论》，朱明勋《中国家训史论稿》，卢正言《中国历代家训观止》，彭立荣《历代名人治家之道》等文献中。

"浙江文化基因丛书"后记

浙江濒海多山，古为百越之地，地少民贫。先民断发文身，披荆斩棘，筚路蓝缕，艰苦创业，卧薪尝胆，徐图自强，始稍为中原所识。山海情怀，越地长歌，独特的地理人文环境孕育出浙江艰苦奋斗、励精图治、百折不挠、勇攀高峰的地域文化性格和兼容并包、发展创新的人文精神。因以鸟虫篆、《越人歌》为表征的楚越文化交融和徐偃王流亡越地、勾践北上争霸等历史事件的发生，越地逐渐融入中原文明。及至东晋衣冠南渡，中原贤良缙绅避乱会稽，兰亭雅集、永嘉诗会，王谢风流所及，中原文化和越文化相互碰撞融合，这片神奇的土地在吸收大量中原先进文化基础上，生发出更多独具特色、丰富璀璨的文化颗粒，散点分布于浙江的山山水水之间。

隋唐以降，一条大运河通到钱塘，凡所流经之县域，皆成人文渊薮。浙东唐诗之路，如明珠嵌璧；越窑青瓷，千峰翠色风靡长安。浙江依托这条水上"高速公路"迅速崛起，在经济高效快速地融于全国的同时，也向全国展现了别样精彩的浙江文化，对中原产生巨大影响。唐末五代中原战乱之际，吴越国钱王保境安民，举世惶惶而越地独安，浙江又一次成为全国士子避祸传学之地，浙江的原生文化和中原文化水乳交融，极大地提高了浙江的人文学术水平。及至南宋定都临安（今浙江杭州），孔裔迁衢，杭州乃至浙江逐渐成为中华文化传承发展中心、全国的文化学术高地。有元一代，人文日渐凋敝，而浙江独领风骚。湖州赵孟𫖯成为有元一代赓续中华文脉之砥柱。赫赫有名的"元四家"，黄公望（常熟人，曾隐居富春）、王蒙（湖州人，曾隐居临平）、吴镇（嘉兴人，曾卖卜钱塘）、倪瓒（无锡人，曾浪迹太湖）在学习传承赵孟𫖯的文化艺术精髓基础上，各显其能，自成面目，为传承发展中华文化艺术作出了卓越贡献。明清以来，浙江士林，更为全国翘楚，文化勃兴，领袖群伦。浙江文脉渊深，有容乃大，继承发展，才俊迭起。事功之学、阳明心学、浙东学派、南戏越剧、《古文观止》、丝瓷茶剑、西泠印社、兰亭雅集等，更是中华文化中耀眼的明珠。浙东音声，渐如潮涌；黄钟大吕，照灼云霞。

晚清时期，中华危亡。辛亥鼎革，浙江文化所孕育的优秀儿女更是为中华千古未有之变局作出了重要贡献，秋瑾、徐锡麟、蔡元培、章太炎、鲁迅等，允文允武，可歌可泣，数不胜数。为全面赶上世界发展，全省各地掀起了重视文教事业、培养人才、发展经济的高潮。各类藏书楼、图书馆、新式院校纷纷创设，浙江人又一次发扬卧薪尝胆、奋力赶超的浙江精神，使浙江成为当时全国省域文化发达、人才众多的省份。

新中国成立后，浙江人励精图治，无论干部还是群众，都本着务实精神，立足现状，踔厉前行。即便在"文革"时期，浙江的经济、文化发展水平都显著好于其他兄弟省市，这和浙江人文内核的务实精神和文化基因的原生动力息息相关。改革开放以来，浙江更是勇做弄潮儿，充分发挥"四千精神"，培养人才，发展经济，以全国陆域较少、自然资源缺乏的省份，一举成为名列前茅的文化大省、经济强省。

历数千年，浙江以落后的山林草野原生文化，不断与吴楚和中原文化交融互鉴，融合创新，发展壮大，绝非历史偶然。浙江以其独特的文化基因和历史面貌正引起国内外专家学者的广泛兴趣，以期通过对浙江文化的研究来更好地理解中华文明，为中华文明的伟大复兴寻径探源，通过解析全省多点、散点分布的各类文化颗粒和文化价值观、文化形态、文化载体，系统研究、条分缕析在地文化基因和独特的文化原动力。构建中国文化基因理念体系，挖掘文化遗产背后蕴含的哲学思想、人文精神、价值观念、道德规范，是一项新课题、新任务。浙江在推动高水平文旅融合、建设共同富裕示范区的进程中，以解码文化基因为切入点，为构建中国文化基因理念体系提供地方经验。

研究浙江文化基因，就是对披着传统文化外衣的各类庸俗低俗的迷信活动加以甄别，科学分析，正本清源。以挖掘、激活浙江的优秀文化基因为抓手，推进文旅深度融合；有机整合乡村文化礼堂、农家书屋、场馆院团、城市书房等城乡文化资源，丰富群众文化活动。拓展新型公共文化空间，持续推动优质文化资源直达基层。为人民群众创造一个良好的文化大环境，强化文化自觉和文化自信；为浙江文化高质量传承发展厘清路径，为新时代浙江发展优秀的社会主义先进文化打好基础。文化兴则国运兴，文化强则民族强。文化基因的研究以及激活应用是浙江建设文化强省的重要切入点，是民智之本、百年大计。

我们要深入学习贯彻党的二十大精神和习近平文化思想，全面挖掘和激活浙江文化基因，推动新时代中国特色社会主义文化建设。以高质量发展为目标、融合发展为重点，紧扣激活优秀文化基因、提供优秀文化产品这个中心，厚植浙江经济社会发展文化软实力。

2024年1月，全省宣传思想文化工作会议提出，要全面贯彻习近平文化思想。浙江作为文化大省，肩负起新时代文化使命，在优秀传统文化的传承发展领域开展了积极的探索。我们要不断学习贯彻习近平总书记关于中华优秀传统文化的重要论述和关于文明交流互鉴的重要论述，让文化基因的研究成果走入校园、走进课堂，成为鲜活的爱国主义教育载体、生动的"课程思政"教育实践、开放的当代青少年国际视野素养培育抓手。将浙江文化基因研究成果制作成微视频"浙江文化基因"课程（双语），通过教育信息技术实现从碎片到整体、从实地到课堂、从单一到系列的 MOOC/SPOC 转换，实现浙江文化基因在青少年群体中的代际传递，助力文化基因融入当代、植根青年，实践出一条富有浙江特色的文化传承发展新路径，为中国"培养社会主义建设者和接班人"这一宏伟目标服务。

若有所成皆非易，凝心聚力要躬行。各地课题组在当地乡土专家和各地高校文史专家的鼎力协助下，进深山到大海，调研足迹遍布海澨山陬。通过田野调查、走访座谈、查阅历史卷宗、参考海量文献，历时五年形成的研究成果，凝聚了全省各地众多专家学者和乡土文化耆老的心血，他们为浙江的文化事业作出了很大贡献。致敬他们文化溯源的热忱，学习他们极深研几的精神，真诚感谢他们无私奉献的情怀。由于篇幅有限，涉及面广，无法一一详列参与者，在此一并致谢！

吴　越
甲辰年秋于杭州